Utilize este código QR para se cadastrar de forma mais rápida:

Ou, se preferir, entre em:
www.moderna.com.br/ac/livroportal
e siga as instruções para ter acesso aos conteúdos exclusivos do
Portal e Livro Digital

CÓDIGO DE ACESSO:
A 00422 BUPHIST1E 5 27915

Faça apenas um cadastro. Ele será válido para:

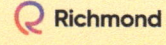

SANTILLANA EDUCAÇÃO Richmond SANTILLANA ESPAÑOL

6612113094 BURITI PLUS HIS 5 LA_630

CB055550

Da semente ao livro,
sustentabilidade por todo o caminho

Plantar florestas
A madeira que serve de matéria-prima para nosso papel vem de plantio renovável, ou seja, não é fruto de desmatamento. Essa prática gera milhares de empregos para agricultores e ajuda a recuperar áreas ambientais degradadas.

Fabricar papel e imprimir livros
Toda a cadeia produtiva do papel, desde a produção de celulose até a encadernação do livro, é certificada, cumprindo padrões internacionais de processamento sustentável e boas práticas ambientais.

Criar conteúdos
Os profissionais envolvidos na elaboração de nossas soluções educacionais buscam uma educação para a vida pautada por curadoria editorial, diversidade de olhares e responsabilidade socioambiental.

Construir projetos de vida
Oferecer uma solução educacional Moderna é um ato de comprometimento com o futuro das novas gerações, possibilitando uma relação de parceria entre escolas e famílias na missão de educar!

MODERNA

Apoio: TWO SIDES
www.twosides.org.br

Fotografe o Código QR e conheça melhor esse caminho.
Saiba mais em *moderna.com.br/sustentavel*

Taciro Comunicação, Alexandre Santana e Estúdio Pingado

BURITI Plus HISTÓRIA 5

Organizadora: Editora Moderna
Obra coletiva concebida, desenvolvida e produzida pela Editora Moderna.

Editora Executiva:
Ana Claudia Fernandes

DE ACORDO COM A **BNCC**

NOME: ....
....TURMA: ....
ESCOLA: ....
....

1ª edição

MODERNA

© Editora Moderna, 2018

MODERNA

Elaboração dos originais:

Denise Trevisan de Góes
Bacharel em Ciências Sociais pela Universidade de São Paulo. Bacharel em Comunicação Social pela Faculdade de Comunicação Social Cásper Líbero. Editora.

Lucimara Regina de Souza Vasconcelos
Bacharel e licenciada em História pela Universidade Federal do Paraná. Mestre em Teoria Literária pelo Centro Universitário Campos de Andrade. Editora.

Maiara Henrique Moreira
Bacharel e licenciada em História pela Universidade de São Paulo. Editora.

Raphael Fernandes
Bacharel em História pela Universidade de São Paulo. Editor.

Stella Maris Scatena Franco
Bacharel em História pela Universidade de São Paulo. Mestre em Ciências, no programa: História Social, pela Universidade de São Paulo. Doutora em Ciências, no programa: História Social, pela Universidade de São Paulo. Professora do Departamento de História da Universidade de São Paulo.

Thais Regina Videira
Bacharel e licenciada em História pela Universidade de São Paulo. Editora.

Coordenação editorial: Lucimara Regina de Souza Vasconcelos
Edição de texto: Lucimara Regina de Souza Vasconcelos, Maiara Henrique Moreira, Raphael Fernandes dos Santos
Assistência editorial: Raphael Fernandes dos Santos
Preparação de texto: Cintia Shukusawa Kanashiro
Gerência de *design* e produção gráfica: Everson de Paula
Coordenação de produção: Patricia Costa
Suporte administrativo editorial: Maria de Lourdes Rodrigues
Coordenação de *design* e projetos visuais: Marta Cerqueira Leite
Projeto gráfico: Daniel Messias, Daniela Sato, Mariza de Souza Porto
Capa: Daniel Messias, Otávio dos Santos, Mariza de Souza Porto, Cristiane Calegaro
  Ilustração: Raul Aguiar
Coordenação de arte: Denis Torquato
Edição de arte: Ana Carlota Rigon
Editoração eletrônica: Ana Carlota Rigon
Edição de infografia: Luiz Iria, Priscilla Boffo
Ilustrações de vinhetas: Daniel Messias, Ana Carolina Orsolin
Coordenação de revisão: Elaine C. del Nero
Revisão: Márcia Leme, Nancy H. Dias, Renato da Rocha Carlos, Rita de Cássia Pereira, Roseli Simões, Salete Brentan
Coordenação de pesquisa iconográfica: Luciano Baneza Gabarron
Pesquisa iconográfica: Aline Chiarelli, Etoile Shaw, Maria Mendonça
Coordenação de *bureau*: Rubens M. Rodrigues
Tratamento de imagens: Fernando Bertolo, Joel Aparecido, Luiz Carlos Costa, Marina M. Buzzinaro
Pré-impressão: Alexandre Petreca, Everton L. de Oliveira, Marcio H. Kamoto, Vitória Sousa
Coordenação de produção industrial: Wendell Monteiro
Impressão e acabamento: HRosa Gráfica e Editora
Lote: 781349
Cod: 12113094

Dados Internacionais de Catalogação na Publicação (CIP)
(Câmara Brasileira do Livro, SP, Brasil)

Buriti plus história / organizadora Editora Moderna ; obra coletiva concebida, desenvolvida e produzida pela Editora Moderna – 1. ed. – São Paulo : Moderna, 2018. (Projeto Buriti)

Obra em 4 v. para alunos do 2º ao 5º ano.

1. História (Ensino fundamental) I.

18-17164 CDD-372.89

Índices para catálogo sistemático:
1. História : Ensino fundamental   372.89

Maria Alice Ferreira - Bibliotecária - CRB-8/7964

ISBN 978-85-16-11309-4 (LA)
ISBN 978-85-16-11310-0 (GR)

Reprodução proibida. Art. 184 do Código Penal e Lei 9.610 de 19 de fevereiro de 1998.
Todos os direitos reservados
EDITORA MODERNA LTDA.
Rua Padre Adelino, 758 - Belenzinho
São Paulo - SP - Brasil - CEP 03303-904
Vendas e Atendimento: Tel. (0_ _11) 2602-5510
Fax (0_ _11) 2790-1501
www.moderna.com.br
2023
Impresso no Brasil

1 3 5 7 9 10 8 6 4 2

Que tal começar o ano conhecendo seu livro?

Veja nas páginas 6 e 7 como ele está organizado.

Nas páginas 8 e 9, você fica sabendo os assuntos que vai estudar.

Neste ano, também vai conhecer e colocar em ação

algumas atitudes que ajudarão você a conviver melhor

com as pessoas e a solucionar problemas.

7 atitudes para a vida

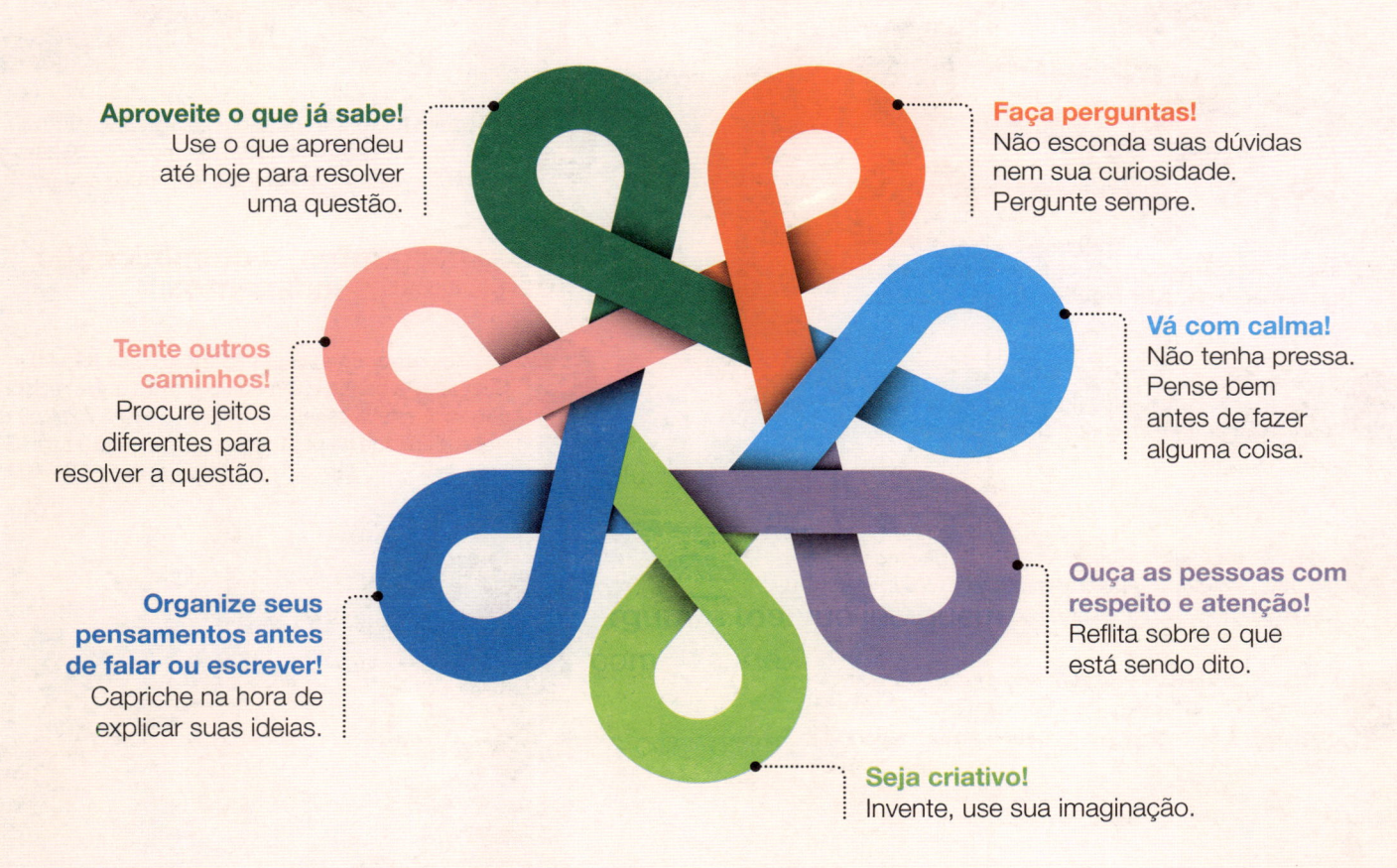

Aproveite o que já sabe!
Use o que aprendeu até hoje para resolver uma questão.

Faça perguntas!
Não esconda suas dúvidas nem sua curiosidade. Pergunte sempre.

Tente outros caminhos!
Procure jeitos diferentes para resolver a questão.

Vá com calma!
Não tenha pressa. Pense bem antes de fazer alguma coisa.

Organize seus pensamentos antes de falar ou escrever!
Capriche na hora de explicar suas ideias.

Ouça as pessoas com respeito e atenção!
Reflita sobre o que está sendo dito.

Seja criativo!
Invente, use sua imaginação.

Na próxima página, há um jogo para você começar a praticar cada uma dessas atitudes. Divirta-se!

A TROCA DA MOEDA

Comece lendo a história pelo número 1. Depois, faça suas escolhas e continue conforme as indicações.

Dica: 2.750 cruzeiros reais = 1 real

Lembre-se: suas atitudes podem mudar toda a história!

1. Sua mãe está chamando você e parece querer algo bem rápido.

Ademar, pegue 10 mil cruzeiros reais na minha bolsa e vá comprar pão!

Tá bom, mãe!

Se você sair correndo para comprar os pães, siga para **2**, mas, se perguntar quantos pães ela quer antes de sair, vá para **5**.

2. Você gastou mais do que devia porque não conversou direito com sua mãe. Parece que as coisas poderiam ser melhores.

Recomece, tente outros caminhos!

3. Sua mãe diz que você pode comprar os gibis com o troco do pão, mas não deve gastar mais que CR$ 8 mil. Por sorte, os gibis não custam mais que isso. Siga para **11**.

4. Como cada pão custa 10 centavos de real, dez pães custam 2.750 cruzeiros reais. Para comprar os dez pães, siga para **8**. Se acha que o dinheiro não dá, vá para **10**.

Cada pão custa R$ 0,10; então, 10 pães custam R$ 1,00 ou CR$ 2.750,00.

Com CR$ 10.000,00 dá pra comprar os pães; o troco é de CR$ 7.250,00.

5. Sua mãe pede dez pães e diz que é para trazer o troco de volta. No caminho, você passa pela banca e vê dois gibis novos que custam R$ 1,00 cada um. O que você faz? Compra os gibis, vá para **2**, ou volta para casa para perguntar se pode comprá-los, vá para **3**.

6. Você comprou tudo certinho e sua mãe agradeceu pelo favor. Mas você nunca mais achou aquele gibi especial que tanto queria.

Obrigada, filho!

7. O padeiro responde que cada real vale 2.750 cruzeiros reais. Se você acha que dá para comprar os 10 pães, siga para **8**. Se vai pedir mais ajuda, fale com o padeiro **4**.

Faça perguntas, a comunicação evita desentendimentos.

8. Os pães custaram apenas CR$ 2.750,00 ou R$ 1,00. Chegando à banca, o jornaleiro mostra outra revista nova, que você estava esperando. Você tem CR$ 7.250,00 de troco. Será que dá para comprar duas revistas de R$ 1,00 e uma de R$ 3,00 sem ultrapassar o limite de CR$ 7.000,00?

Se você vai levar as duas HQs por R$ 1,00 cada uma, vá para **6**; mas, se acha que dá para comprar as três, siga para **9**; ou, se prefere perguntar à sua mãe se pode comprar, vá para **14**.

Organize seus pensamentos antes de falar ou decidir algo.

9. O dinheiro que você tem não é suficiente para comprar as três revistas. Volte para **8**.

Aproveite que você sabe que R$ 1,00 vale CR$ 2.750,00 e faça as contas novamente.

10. Você volta para casa sem os pães porque acha que o seu dinheiro não é suficiente. Sua mãe fala para você fazer as contas com calma. Se acha que os 10 mil cruzeiros reais são suficientes para os pães, siga para **11**. Se não, vá para **2**.

Vá com calma, é preciso calcular com atenção.

11. Na padaria, os valores estão todos em reais, mas você tem dez mil cruzeiros reais. Se você perguntar ao padeiro quantos cruzeiros reais valem R$ 1,00, siga para **7**. Se prefere voltar para casa, vá para **10**.

Quantos vai querer, Ademar?

PÃOZINHO R$ 0,10

Ouvir as pessoas pode ser uma ótima opção!

12. Você vai até a sala ver as visitas e sua tia Ana Maria o chama de lado. Ela lhe dá uma nota de CR$ 10.000,00. Se você acha que é dinheiro suficiente para buscar seu gibi especial, vá para **13**. Para guardar o dinheiro, siga para **16**.

13. Chegando à banca, o jornaleiro vende para você o gibi de R$ 3,00 e ainda lhe dá um outro de brinde. Ainda sobraram CR$ 2.250,00! Corra para **16**.

14. Você compra os dois gibis por CR$ 5.500,00 e os pães por CR$ 2.750,00, totalizando R$ 8.250,00. O jornaleiro prometeu guardar o especial para você. Vá para **15**.

15. Chegando em casa, você entrega os pães para sua mãe. Ela convidou suas tias para tomar um café, por isso pediu dez pães e preparou um bolo.

Se você vai ler os quadrinhos, vá para **16**, mas, se vai dar um beijo nas suas tias antes, vá para **12**.

16. Ah, finalmente você vai poder ler as histórias dos seus heróis favoritos! Mas sua mãe o chama novamente.

Ademar, mostre para suas tias seus desenhos de super-heróis!

Chegou sua vez, desenhe seus próprios super-heróis! Seja criativo!

Conheça seu livro

**Seu livro está organizado em 4 unidades.
Veja o que você vai encontrar nele.**

Abertura da unidade

Nas páginas de abertura, você vai explorar imagens e perceber que já sabe muitas coisas.

Capítulos e atividades

Você aprenderá muitas coisas novas estudando os capítulos e resolvendo as atividades.

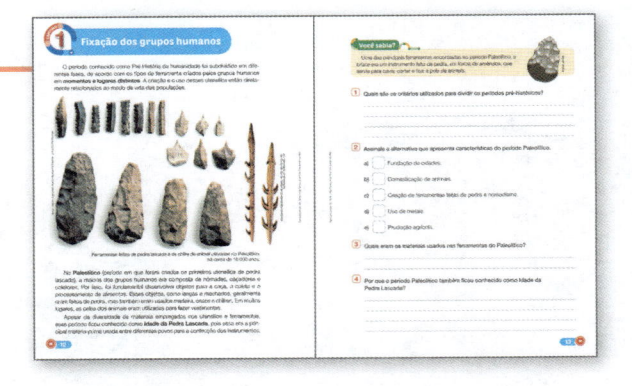

Para ler e escrever melhor

Você vai ler um texto e perceber como ele está organizado. Depois, vai escrever um texto com a mesma organização. Assim, você aprenderá a ler e a escrever melhor.

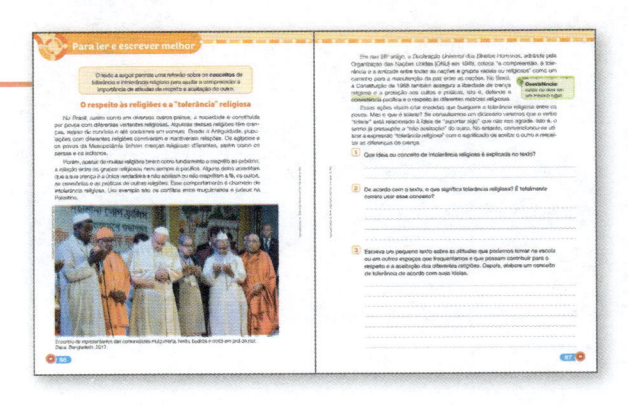

O mundo que queremos

Você vai ler, refletir e realizar atividades sobre algumas posturas no cotidiano, como se relacionar com as pessoas, valorizar e respeitar as diferentes culturas, colaborar para preservar o meio ambiente e cuidar da saúde.

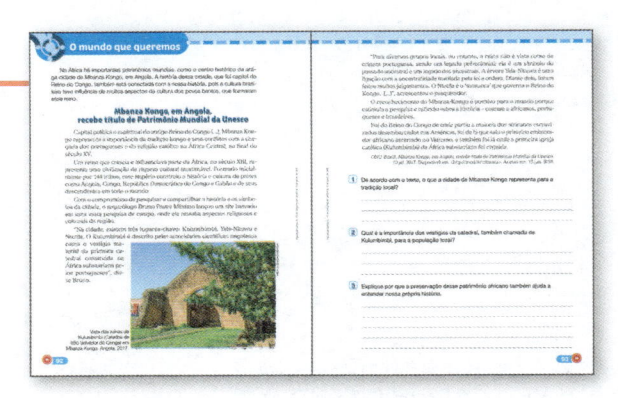

Como as pessoas faziam para...

Você vai descobrir alguns aspectos do dia a dia das pessoas no passado e perceber o que mudou e o que permaneceu até os dias atuais.

O que você aprendeu

Nestas páginas, você vai encontrar mais atividades para rever o que estudou na unidade e aplicar seus conhecimentos em várias situações.

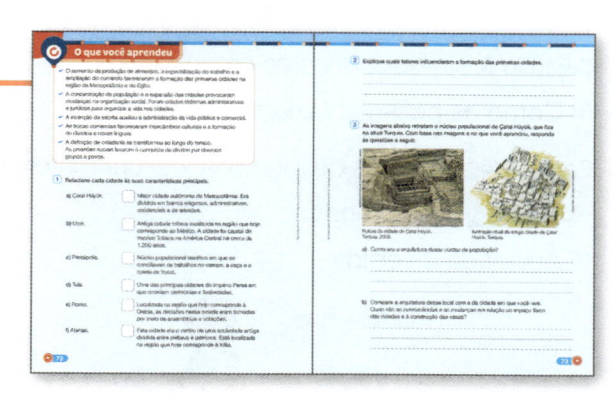

Atividade divertida

Nesta seção, você vai se divertir enquanto recorda alguns conteúdos.

Ícones utilizados

Ícones que indicam como realizar algumas atividades:

- Atividade oral
- Atividade em dupla
- Atividade em grupo
- Atividade no caderno
- Desenho ou pintura
- Recortar e colar
- Uso de tecnologias

Ícone que indica as 7 atitudes para a vida:

Ícone que indica os objetos digitais:

Sumário

UNIDADE 1 — A formação dos povos 10

Capítulo 1. Fixação dos grupos humanos 12
- Para ler e escrever melhor 18

Capítulo 2. Grupos organizados e agricultura 20
- O mundo que queremos: *Agricultura na comunidade remanescente de quilombo Ivaporunduva* 24

Capítulo 3. Novas formas de organização 26
- Como as pessoas faziam para... 30

Capítulo 4. Registros de memória: cultura material 32
- O que você aprendeu 38
- Atividade divertida 42

UNIDADE 2 — Os primeiros núcleos populacionais 44

Capítulo 1. Os primeiros núcleos populacionais 46
- Para ler e escrever melhor 52

Capítulo 2. A organização da vida social 54
- O mundo que queremos: *Cidadania e igualdade: uma conquista histórica* 58

Capítulo 3. Cidades e impérios da Mesopotâmia 60
- Como as pessoas faziam para... 64

Capítulo 4. Cidadania no passado e no presente 66
- O que você aprendeu 72
- Atividade divertida 76

UNIDADE 3 — A vida na Antiguidade — 78

Capítulo 1. Cultura e religião 80
- Para ler e escrever melhor 86

Capítulo 2. Patrimônio cultural dos povos antigos 88
- O mundo que queremos: *Mbanza Kongo, em Angola, recebe título de Patrimônio Mundial da Unesco* 92

Capítulo 3. O cotidiano no mundo antigo 94
- Como as pessoas faziam para... 98

Capítulo 4. Atividades econômicas e tecnologia na Antiguidade 100
- O que você aprendeu 106
- Atividade divertida 110

UNIDADE 4 — Ação do tempo e herança cultural — 112

Capítulo 1. A humanidade e o tempo 114
- Para ler e escrever melhor 120

Capítulo 2. Investigação histórica 122
- O mundo que queremos: *Preservação de fontes oficiais* 126

Capítulo 3. Marcos de memória 128
- Como as pessoas faziam para... 132

Capítulo 4. Registros de memória 134
- O que você aprendeu 138
- Atividade divertida 142

Encartados 145

UNIDADE 1
A formação dos povos

Andrei Santos, arqueólogo da Universidade Federal Fluminense, trabalha na escavação do maior cemitério de escravos encontrado na América, município do Rio de Janeiro, estado do Rio de Janeiro, 2017.

Vamos conversar

1. Como você descreveria o local onde o pesquisador está?
2. Como podemos ter mais informações sobre o modo de vida dos povos que viveram em outras épocas?

CAPÍTULO 1

Fixação dos grupos humanos

O período conhecido como Pré-História da humanidade foi subdividido em diferentes fases, de acordo com os tipos de ferramenta criados pelos grupos humanos em **momentos e lugares distintos**. A criação e o uso desses utensílios estão diretamente relacionados ao modo de vida das populações.

Ferramentas feitas de pedra lascada e de chifre de animal utilizadas no Paleolítico, há cerca de 10.000 anos.

No **Paleolítico** (período em que foram criados os primeiros utensílios de pedra lascada), a maioria dos grupos humanos era composta de nômades, caçadores e coletores. Por isso, foi fundamental desenvolver objetos para a caça, a coleta e o processamento de alimentos. Esses objetos, como lanças e machados, geralmente eram feitos de pedra, mas também eram usados madeira, ossos e chifres. Em muitos lugares, as peles dos animais eram utilizadas para fazer vestimentas.

Apesar da diversidade de materiais empregados nos utensílios e ferramentas, esse período ficou conhecido como **Idade da Pedra Lascada**, pois essa era a principal matéria-prima usada entre diferentes povos para a confecção dos instrumentos.

Você sabia?

Uma das principais ferramentas encontradas no período Paleolítico, a *biface* era um instrumento feito de pedra, em forma de amêndoa, que servia para cavar, cortar e tirar a pele de animais.

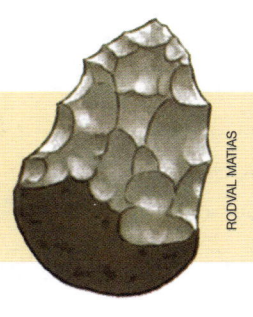

1 Quais são os critérios utilizados para dividir os períodos pré-históricos?

_____
_____
_____

2 Assinale a alternativa que apresenta características do período Paleolítico.

a) ☐ Fundação de cidades.

b) ☐ Domesticação de animais.

c) ☐ Criação de ferramentas feitas de pedra e nomadismo.

d) ☐ Uso de metais.

e) ☐ Produção agrícola.

3 Quais eram os materiais usados nas ferramentas do Paleolítico?

_____
_____

4 Por que o período Paleolítico também ficou conhecido como Idade da Pedra Lascada?

_____
_____
_____
_____

O desenvolvimento de novas técnicas para a fabricação de instrumentos de pedra polida, com poder cortante maior, parecida com uma lâmina afiada, mais apropriada para cortar pele de animais e para a defesa contra predadores, fez com que os estudiosos demarcassem um novo período, conhecido como **Idade da Pedra Polida** ou **Neolítico**. Esse período estendeu-se, aproximadamente, até 6.000 anos atrás e, devido à prática da agricultura e da domesticação de animais (como cabras, bois, porcos, cavalos e aves), muitos grupos começaram a se estabelecer em um local fixo.

Audiovisual
A Guerra do Fogo

Réplica de um abrigo do período Neolítico, próximo da caverna de Lascaux, França, 2017.

Durante esse período, foram constituídas aldeias que transformaram alguns aspectos da vida dos primeiros grupos humanos. Para estocar os alimentos, foram criados utensílios de cerâmica e, com o desenvolvimento da agricultura, novos instrumentos surgiram, como o arado, que serve para preparar a terra para o plantio. Alguns grupos passaram a utilizar tecidos de lã e linho para fabricar peças de vestuário.

No fim desse período, um novo ciclo se abriu com domínio pleno do fogo e o desenvolvimento do trabalho com metal, material mais resistente que a pedra ou os ossos. Primeiro, foram fabricados instrumentos de cobre, estanho e bronze, que eram mais fáceis de manusear quando submetidos a altas temperaturas. Depois, com o uso de fornalhas, foi possível fazer instrumentos de ferro, material que precisa de temperaturas muito altas para ser trabalhado. Esse período, por volta de 5.000 anos atrás, ficou conhecido como **Idade dos Metais**.

Ponta de lança de cobre, encontrada na ilha de Chipre; fabricada há cerca de 4.500 anos.

5 Observe as imagens a seguir com atenção, leia as legendas e relacione as colunas.

a)

Ponta de lança feita de bronze encontrada na Catalunha, Espanha.

☐ Idade da Pedra Lascada.

b)

Machado do período Paleolítico feito de pedra.

☐ Idade da Pedra Polida.

c)

Pontas de machado e de martelo do período Neolítico.

☐ Idade dos Metais.

6 Leia as afirmativas a seguir e assinale **V** para verdadeiro e **F** para falso.

☐ A agricultura e a domesticação de animais favoreceram a instalação de grupos humanos em um local fixo.

☐ Durante o período Neolítico surgiram utensílios de cerâmica que eram utilizados para estocar a produção agrícola.

☐ As roupas feitas de pele de animal eram o único tipo de vestuário usado no período Neolítico.

☐ O arado serve para preparar a terra para a produção agrícola e surgiu durante o período Paleolítico.

Potes de cerâmica do período Neolítico, de cerca de 6.000 anos atrás.

A ocupação dos territórios e a fixação dos grupos humanos em determinados locais aconteceram lentamente ao longo da História. Povos nômades geralmente buscavam locais em que pudessem garantir sua sobrevivência, onde fosse possível encontrar abrigo e proteção e possibilitasse ampla visão dos arredores. Procuravam, também, locais que tivessem recursos abundantes para a alimentação. Os locais próximos aos mares, lagos e rios, por exemplo, favoreciam a pesca, a caça e a coleta de frutos e vegetais.

Aproveite os conhecimentos que já adquiriu sobre as maneiras de morar e de conviver para auxiliá-lo na compreensão do conteúdo.

Para os povos que começaram a desenvolver a agricultura e a permanecer em um mesmo lugar, novos critérios se tornaram importantes: os núcleos de povoamento deveriam ficar próximos aos rios, porque favoreciam a obtenção de água, a irrigação das plantações e a criação de animais. Assim, historicamente, com o contato com a natureza e em razão das diferentes condições geográficas, os grupos humanos tiveram novos aprendizados.

Povos dos sambaquis

Os povos dos sambaquis, que viveram na costa brasileira há cerca de 9.000 anos, são exemplos da relação entre o ambiente e o desenvolvimento de núcleos populacionais. Vestígios dessas populações podem ser encontrados em grande parte da costa brasileira. Os sambaquis são montes erguidos por essas populações e contêm restos de conchas e ossos humanos e de animais, além de fragmentos de cerâmica e de outros objetos fabricados e utilizados por essas populações.

Formação de um sambaqui

A construção de um sambaqui podia ter finalidade funerária, servir para demarcar o território e como depósito de restos de alimentos.

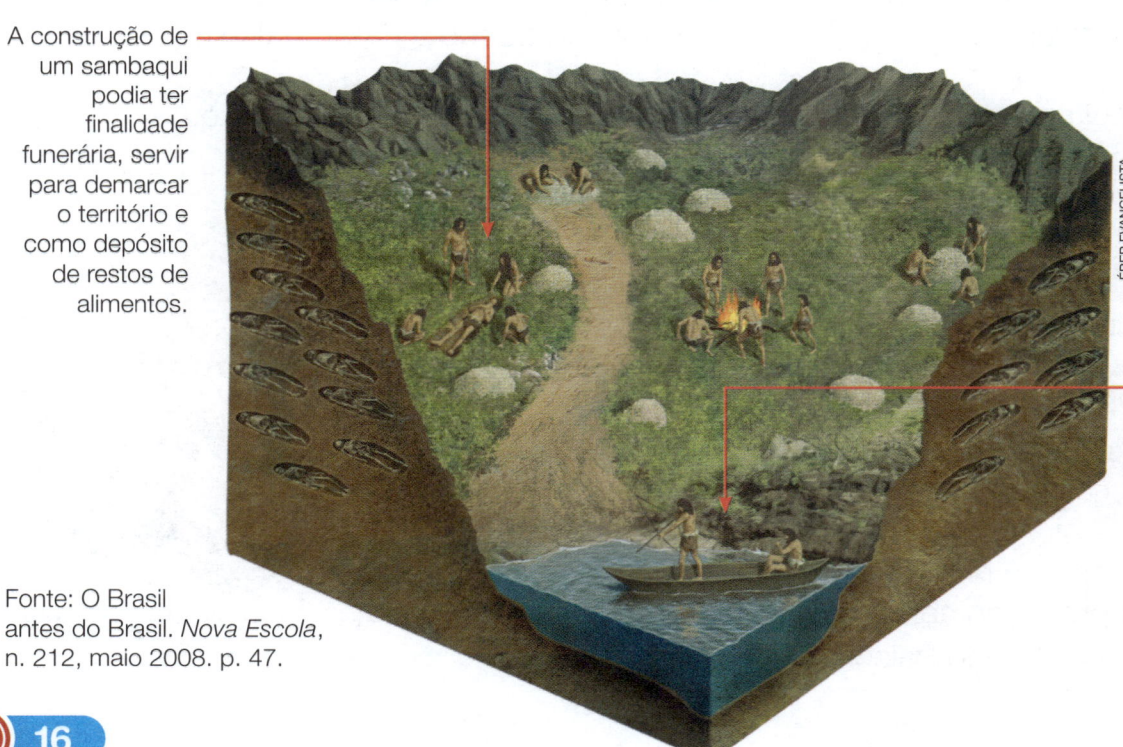

As técnicas de construção de barcos e de confecção de flechas e anzóis possibilitaram a pesca em rios e mares, onde os povos dos sambaquis obtinham os recursos para a sobrevivência.

Fonte: O Brasil antes do Brasil. *Nova Escola*, n. 212, maio 2008. p. 47.

7 Onde os grupos humanos geralmente se fixavam?

_____

8 Por que esses lugares onde os grupos humanos se fixavam eram escolhidos?

_____

_____

_____

9 Por que o estudo dos sambaquis é importante para o conhecimento do passado?

_____

_____

_____

_____

Animais aproximam-se dos rios para beber água e refrescar-se. Nesses momentos, ficam vulneráveis à ação humana. Família de capivaras na beira de um rio. Município de Poconé, estado de Mato Grosso, 2016.

Para ler e escrever melhor

O texto a seguir apresenta **exemplos** para a **argumentação** sobre a importância do papel da mulher nas sociedades neolíticas. Nessas sociedades, a fertilidade era um elemento simbólico fundamental associado à mulher, por ela exercer atividades ligadas à agricultura e ser, também, geradora da vida.

As mulheres no período Neolítico

A domesticação geral foi [...] acompanhada de um papel mais importante atribuído à mulher [...] plantando sementes e vigiando as mudas, talvez, primeiro num ritmo de fertilidade, antes que o crescimento e multiplicação das sementes sugerisse uma nova possibilidade de se aumentar a safra de alimentos.

[...] Era ela que cuidava dos jardins e foi ela quem conseguiu essas obras-primas de seleção e cruzamento que transformaram espécies selvagens e rudes em variedades domésticas [...] e ricamente nutritivas; foi a mulher que fabricou os primeiros recipientes, tecendo cestas e dando forma aos primeiros vasos de barro. Na forma, também, a aldeia é criação sua: [...] era a aldeia o ninho coletivo para o cuidado e nutrição dos filhos [...].

Sem esse longo período de desenvolvimento agrícola e doméstico, os excessos de alimento e capacidade de trabalho que tornaram possível a vida urbana não teriam existido.

MUMFORD, Lewis. *A cidade na história*. São Paulo: Martins Fontes, 1998. p. 17-19.

A estátua chamada de Vênus de Kostionki, encontrada na Rússia, tem cerca de 25.000 anos e 12 cm de altura.

Sandálias e cestos do Neolítico feitos com fibras vegetais.

1 Quais são os exemplos citados no texto que indicam a importância da mulher nas sociedades agrícolas neolíticas?

_____
_____
_____
_____
_____
_____
_____
_____

2 Qual é a importância das atividades apresentadas no texto para o desenvolvimento da vida urbana?

_____
_____
_____
_____
_____
_____
_____

3 Com um colega, apresente três **argumentos** que indiquem a importância das ações das mulheres na sua comunidade.

_____
_____
_____
_____
_____
_____

CAPÍTULO 2. Grupos organizados e agricultura

O desenvolvimento da agricultura gerou uma série de mudanças na organização dos grupos humanos. Por isso, esse processo de desenvolvimento do cultivo de alimentos e domesticação de espécies animais e vegetais é chamado de **Revolução Agrícola**.

Uma das consequências do processo de desenvolvimento da agricultura foi o crescimento populacional, isso porque a maior oferta de alimentos possibilitou uma vida com menos riscos de acidentes durante a caça e a coleta, além de permitir que as pessoas sobrevivessem por mais tempo.

Muitos grupos passaram a se fixar em um mesmo local, formando aldeias, e as necessidades do cultivo da terra levaram à criação de novas formas de organizar a sociedade. As aldeias, muitas vezes, tiveram de se juntar para proteger-se de ataques de outros grupos. Grupos maiores favoreciam também a organização da produção de alimentos, pois dividiam entre si as atividades relacionadas à caça, à pesca, ao pastoreio ou ao cultivo da terra.

Essas mudanças estimularam novas formas de organização social. Foram estabelecidas as lideranças nos grupos, exercidas por pessoas específicas ou por alguns setores que se impunham sobre os demais, criando assim posições políticas e sociais definidas para cada membro do grupo.

Pintura rupestre em rochas do Saara representando a atividade de pastores sedentários há cerca de 7.000 anos. Região de Tassili, Argélia, 2014.

Pintura rupestre, de cerca de 6.000 anos atrás, retratando trabalho agrícola. Sítio arqueológico de Tassili Maghride. Região de Fezzan, Líbia, 2010.

1 Escreva nas linhas abaixo o que foi a chamada Revolução Agrícola e quais foram as consequências desse processo.

_____
_____
_____
_____

2 Marque com um **X** qual das imagens a seguir apresenta um instrumento relacionado ao desenvolvimento da agricultura.

a) ☐

Moedor (pilão) de grãos e vegetais feito de pedra. O objeto foi fabricado há cerca de 6 mil anos e foi encontrado em Israel.

c) ☐

Arpões feitos de ossos e chifres de animais, produzidos há cerca de 10 mil anos, encontrados na região de Dordogne, França.

b) ☐

Pontas de flecha feitas de sílex (um tipo de rocha muito dura e resistente), produzidas há cerca de 5.000 anos, encontradas no Norte da África, região do Saara.

3 Observe as imagens da página 20 e explique por que as atividades representadas têm relação com o início do processo de desenvolvimento da agricultura e com a organização dos primeiros grupos humanos fixados em um local.

- Alguma das imagens retrata elementos ligados à agricultura? Se sim, qual? Explique.

_____
_____
_____
_____
_____

Ocupações humanas na África e no Oriente

As savanas da África Oriental foram as primeiras regiões do continente africano povoadas por grupos humanos dos quais conhecemos alguns vestígios. Esses grupos eram formados por caçadores, coletores e criadores de gado que também sabiam trabalhar com metais.

No Oriente Médio, os povos também passaram por um processo de fixação e formação de grupos organizados. Na Mesopotâmia, região entre os rios Tigre e Eufrates, vários povos se estabeleceram em cidades independentes umas das outras.

No Vale do Indo, nas regiões onde hoje se localizam o Paquistão, o Afeganistão e a Índia, também existiram ocupações humanas milenares favorecidas pelos recursos do rio Indo. Nessa região, havia uma cidade com elevado grau de sofisticação, chamada Harapa. Ela era circundada por muralhas e cortada por largas avenidas planejadas e sua cultura influenciou toda a região. Eles praticavam a agricultura e a metalurgia e faziam comércio com os povos da Mesopotâmia.

Pinturas em pedra produzidas há mais de 15.000 anos. Região das montanhas Drakensberg, África do Sul, 2013.

Fonte: GANERI, Anita. *Explorando a Índia*. São Paulo: Ática, s/d. p. 6 e 8.

Modelo de figura humana em carro puxado por animais feito há cerca de 5 mil anos. Região de Karachi, Paquistão.

4 Leia as afirmações a seguir e assinale **V** para as alternativas verdadeiras e **F** para as falsas.

a) ☐ Os vestígios das ocupações humanas no continente africano não são conhecidos pelos arqueólogos.

b) ☐ As savanas da África Oriental foram habitadas por um único grupo.

c) ☐ Os povos viviam do pastoreio e produziam instrumentos feitos de metal.

d) ☐ Esses povos também eram caçadores e coletores.

e) ☐ Entre os primeiros povos que habitaram a África Oriental estão os que viviam apenas da caça e da coleta e nunca fixaram moradia em nenhuma região.

5 Observe a foto a seguir e responda às questões.

Partes de moinhos de pedra para grãos, feitos há cerca de 5.000 anos. Região onde se localizava Harapa, Paquistão.

a) O que é retratado na fotografia?

_____
_____

b) Explique a importância desse local para as populações do Vale do Indo.

_____
_____

c) Por que essa população teria se estabelecido nessa região?

_____
_____

O mundo que queremos

Assim como os primeiros grupos humanos precisaram organizar e dividir o trabalho, outras comunidades, em diferentes momentos da História, também se organizaram para garantir a sobrevivência e a segurança de todos.

Multimídia
A vida em uma comunidade ribeirinha amazônica

Agricultura na comunidade remanescente de quilombo Ivaporunduva

A comunidade quilombola Ivaporunduva localiza-se em Eldorado, no estado de São Paulo, na região do Vale do Ribeira. As populações quilombolas são remanescentes dos povoamentos criados por escravizados que resistiram ao regime de escravidão, vigente no Brasil desde o período colonial até o final do século XIX. A comunidade quilombola Ivaporunduva é uma das mais antigas da região e representa a importância da resistência à escravidão.

Remanescentes: que resistiram, permaneceram, restaram.

No Vale do Ribeira, muitos quilombos surgiram durante o ciclo de exploração do ouro, no século XVIII. Com o esgotamento do minério, muitas pessoas que trabalhavam no garimpo ficaram sem local fixo e, com o tempo, formaram comunidades, tornando-se trabalhadores rurais autônomos e dedicando-se ao cultivo do arroz e a outras culturas de subsistência.

Hoje, a comunidade quilombola Ivaporunduva produz arroz, mandioca, feijão, milho, verduras e legumes para o próprio consumo. A comunidade produz, também, banana orgânica e peças de artesanato, como bolsas e tapetes feitos de palha de bananeira. Essas atividades são organizadas pelos membros da comunidade, que dividem as tarefas relacionadas ao cultivo, à produção artesanal e à comercialização dos produtos.

A agricultura destinada à subsistência é realizada em terras que já foram ocupadas pelos ancestrais. Nelas, os membros da comunidade buscam preservar a cultura afro-brasileira e suas práticas cotidianas, que são transmitidas para as novas gerações, especialmente por meio da tradição oral.

Comunidade remanescente quilombola Ivaporunduva, no município de Eldorado, estado de São Paulo, 2016.

1 O que são comunidades remanescentes quilombolas?

_____
_____
_____
_____
_____
_____

2 Quais são as atividades realizadas na comunidade quilombola Ivaporunduva? Como essa comunidade organiza e divide o trabalho?

_____
_____
_____
_____
_____
_____
_____
_____
_____
_____

3 Reúnam-se em grupos e façam uma pesquisa sobre as comunidades quilombolas da região em que vocês vivem, ou sobre as comunidades do Vale do Ribeira. Cada grupo ficará responsável por apresentar uma comunidade para a turma e deve considerar os seguintes aspectos.

- Localização: onde fica a comunidade escolhida?

- Histórico: como essa comunidade se formou?

- Principais projetos e atividades. Além das atividades de trabalho, o grupo poderá pesquisar sobre tradições culturais, danças, festas e músicas da comunidade escolhida.

CAPÍTULO 3
Novas formas de organização

Nas aldeias ou cidades, a organização social era feita pelos chefes de famílias que compunham os clãs. A reunião de muitos clãs formava grandes tribos, chefiadas por um líder que detinha tanto o poder político quanto o religioso.

Em muitas dessas cidades, a produção agrícola era feita com o objetivo de produzir mais alimentos que o necessário, gerando um excedente que era destinado ao comércio e ao sustento das pessoas que exercem outras atividades, como os sacerdotes e os soldados.

Com essa configuração, pode-se dizer que estavam lançadas as bases para a constituição de um governo, pois existia uma organização social e política com distribuição de funções para cada grupo da sociedade. O trabalho e as funções eram distribuídos de acordo com a origem de cada indivíduo e os líderes acumulavam obrigações religiosas e políticas. Esse tipo de organização surgiu da necessidade de distribuir as tarefas e acabou se consolidando como a estrutura social e política mais comum entre as sociedades desse período e outras que viriam a se estabelecer depois.

> Sempre que tiver dúvida, **pergunte quantas vezes achar necessário**, até compreender totalmente aquele aspecto do assunto. Ao mesmo tempo, ouça com atenção e respeito as perguntas e as dúvidas dos colegas.

Vista do sítio arqueológico de Nippur, antiga cidade da Mesopotâmia construída há cerca de 5.000 anos, localizada na região que hoje corresponde ao Iraque.

Você sabia?

A cidade de Nippur era considerada sagrada e foi um importante centro religioso da Mesopotâmia, com muitos templos e edifícios públicos. Segundo a tradição, Enlil, um dos principais deuses desse povo, teria criado a humanidade na cidade de Nippur. Por isso, ela recebia peregrinos de diversos lugares.

Fragmento de mapa da antiga cidade de Nippur, no atual Iraque, datada de cerca de 3.300 anos atrás.

1 Complete o texto a seguir com as palavras destacadas.

- sacerdotes
- tribos
- agricultura
- comércio
- clãs
- aldeias
- excedente
- soldados

A _____ e a criação de _____ contribuíram para a organização das sociedades em _____, que formavam grandes _____. Nas primeiras cidades, a agricultura produzia _____ de alimentos, que era destinado ao _____ e ao sustento de _____ e _____.

2 Assinale os elementos importantes para a organização política e social das cidades antigas.

a) ☐ Saúde.

b) ☐ Comércio.

c) ☐ População.

d) ☐ Nomadismo.

e) ☐ Poder.

f) ☐ Agricultura.

Organização social e religiosidade

Em muitos lugares, a organização política e social esteve ligada a fatores religiosos. Diversos núcleos urbanos se estabeleceram como centros cerimoniais e, em várias sociedades antigas, os poderes políticos e religiosos estavam ligados.

Os centros cerimoniais eram lugares em que se cultuavam figuras religiosas importantes para cada cultura e onde eram feitas oferendas às divindades para comemorar e agradecer pela boa caça ou por uma colheita farta. Os centros religiosos, que eram lugares de peregrinação, recebiam muitas pessoas e se transformaram em cidades complexas, que podiam estar integradas a uma rede de comércio ou de estradas. Nessas cidades, também se desenvolveram funções administrativas e militares.

Assim, em alguns centros cerimoniais, surgiram cidades que se organizavam de acordo com uma hierarquia social relacionada a fatores políticos e religiosos.

No continente americano, também havia cidades com essas características, como a cidade de Chavin de Huantar, no norte do Peru, que foi um importante local de peregrinação religiosa e centro cultural que se desenvolveu entre 3.500 e 2.500 anos atrás. Na cidade havia edifícios públicos, templos e praças. A influência da cultura de Chavin também se expandiu para as regiões onde atualmente se localizam o Equador e a Bolívia.

Hierarquia: organização segundo graus de importância ou subordinação.

Sítio arqueológico da cidade de Chavin de Huantar. Região de Lima, Peru, 2014.

3 Qual era a importância dos centros cerimoniais e religiosos para as sociedades antigas? Dê exemplos.

_____
_____
_____
_____

4 No texto a seguir, circule os trechos relacionados à religiosidade e grife os que se referem à organização do espaço e da sociedade.

La Venta, uma cidade olmeca

Os olmecas foram os primeiros habitantes da região chamada Mesoamérica (onde hoje se localizam México, Guatemala, Nicarágua, Honduras e outros países) a erguer grandes edifícios com finalidades religiosas. Os deuses olmecas são representados em imagens que associam aves fantásticas, jaguares, serpentes e seres humanos.

A cultura olmeca é considerada a matriz de muitas outras civilizações que surgiram depois e seus vestígios datam de cerca de 4.000 anos atrás.

Acredita-se que La Venta era o principal centro olmeca. A cidade foi erguida numa pequena ilha, em uma área pantanosa. As pedras disponíveis se encontravam a cerca de 60 km de distância do local, mas, ainda assim, existiam ali esculturas gigantescas feitas de pedra. Foram encontrados também vestígios de pirâmides, túmulos circulares e altares esculpidos em pedra.

Escultura olmeca em forma de cabeça humana. Xalapa, México. As esculturas olmecas em forma de cabeça têm até 4 metros de altura. Alguns pesquisadores defendem que elas representavam os soberanos olmecas, outros defendem que eram representações de divindades. Nas duas interpretações, aparecem a religião e o poder mostrando como no mundo antigo essas condições estavam relacionadas.

Como as pessoas faziam para...

Fazer registros em rochas

Assim como no Oriente Médio, na América Latina ou no norte da África e da Índia, no Brasil, o Parque Nacional Serra da Capivara é considerado um Patrimônio Mundial da Humanidade. Ele abriga centenas de sítios arqueológicos, muitos deles com pinturas rupestres, que eram feitas em rochas e trazem registros valiosos sobre os primeiros grupos humanos que viveram na região. Saiba como as pessoas faziam esses registros.

Os registros mais antigos encontrados no Parque Nacional da Serra da Capivara foram feitos há milhares de anos. O local reúne vestígios das ocupações humanas mais antigas de que se tem notícia na América do Sul. As pinturas eram feitas nas paredes e no teto de grutas e cavernas.

Para fazer os registros, foram utilizados instrumentos variados. Os espinhos (finos e pontiagudos) eram usados para produzir traços finos e desenhos pequenos. As tintas também eram aplicadas nos desenhos usando tubos feitos de ossos, por meio dos quais a tinta era soprada na parede.

Imagens do Parque Nacional Serra da Capivara, estado do Piauí.

Pintura de servos no recuo de uma parede, sítio Boqueirão da Pedra Furada, São Raimundo Nonato, Piauí. Nas pinturas encontradas no local, são representadas as figuras humanas e as de animais em cenas de caça, rituais, danças, batalhas e diversas atividades.

Pintura de cena de figuras humanas em torno de uma árvore. As tintas utilizadas nas pinturas eram produzidas com elementos retirados da natureza. Os mais antigos têm a cor vermelha, pois foram feitos com tintas à base de argila rica em hematita, um mineral constituído de ferro.

Além das tintas de cor vermelha, são encontrados registros com tintas feitas de argila contendo minerais que resultavam em cores como amarelo e branco. Em algumas pinturas, também foram utilizados pigmentos feitos de carvão vegetal que resultavam em traços na cor preta.

Fontes: Fundação Museu do Homem Americano (Fumdham). Disponível em: <http://mod.lk/musehomi>. Museu Histórico Nacional. Disponível em: <http://mod.lk/rymoo>. Acessos: 15 jun. 2018.

1. Quais são os principais instrumentos e pigmentos utilizados nas pinturas rupestres do Parque Nacional Serra da Capivara?

2. Por que o Parque Nacional Serra da Capivara é considerado um Patrimônio Mundial da Humanidade?

CAPÍTULO 4

Registros de memória: cultura material

Os objetos do passado que foram preservados nos ajudam a compreender aspectos da vida cotidiana de vários povos. Objetos variados, como itens de vestuário e enfeites, recipientes de uso cotidiano ou religioso, construções públicas e moradias, instrumentos de caça ou festivos podem fornecer informações sobre o modo de vida em outros tempos e espaços e fazem parte da **memória** de um povo.

Dá-se o nome **cultura material** ao conjunto de objetos que dão significado à vida das pessoas em diferentes momentos da História, conferindo-lhes **identidade**.

Elementos simbólicos também fazem parte dos objetos que foram deixados pelos povos. Vejamos um exemplo: na cultura material dos antigos egípcios existem muitas representações de gatos porque esses animais eram considerados sagrados, tendo alguns até sido mumificados. Considerado uma divindade, o gato representava a fertilidade. A representação desse felino como um símbolo religioso pode ser explicada como uma referência a um animal que fazia parte da vida cotidiana dos egípcios.

Enfeites para cabelo, brincos e colares de cerca de 4.500 anos, usados pela rainha da cidade de Ur, na Mesopotâmia.

Estátua egípcia de bronze representando uma gata amamentando seus filhotes, de cerca de 2.500 anos atrás.

> **Mumificar:** processo empregado pelos egípcios na Antiguidade para preservar os corpos após a morte.

1 Explique o que é cultura material. Dê exemplos.

_____
_____
_____

2 Observe a imagem, leia a legenda e responda à questão.

Essa imagem representa Quetzalcóatl, uma das principais divindades dos povos que habitavam a região que hoje corresponde ao México. Trata-se da "serpente emplumada", figura que unia elementos do céu e da terra.

- Que elementos simbólicos estão representados pela figura da divindade?

_____
_____
_____

3 Reúna-se em grupo com os colegas e selecionem três objetos usados no dia a dia. Observem esses objetos com cuidado, como se vocês fossem pesquisadores do futuro que os tivessem encontrado. Quais seriam as funções desses objetos? Como eles eram usados? Depois, elaborem no caderno um pequeno relatório indicando o que os pesquisadores do futuro poderiam descobrir sobre a sociedade que os produziu.

33

Hábitos e culturas: objetos da cultura material

A necessidade de conforto, de alimentos e de abrigo levaram os seres humanos a desenvolver técnicas de construção, de cultivo e preparo de alimentos, de locomoção, entre outros.

Os fenícios, por exemplo, eram um povo que habitava uma estreita faixa litorânea, próxima ao Mar Mediterrâneo, onde hoje estão o Líbano e parte da Síria. Eles se dedicavam, entre outras atividades, à navegação comercial e, para isso, desenvolveram embarcações impulsionadas por grandes velas e também por remadores, caso não houvesse vento.

Para construir as galés, os fenícios utilizavam a madeira do cedro, árvore abundante na região, leve e resistente.

Essas embarcações são, portanto, parte da cultura material dos fenícios porque trazem uma tecnologia desenvolvida por eles e que contribuiu para o desenvolvimento econômico desse povo.

Árvore de cedro, madeira abundante nas florestas das montanhas próximas à Fenícia, onde atualmente se localiza o Líbano.

Réplica de embarcação fenícia chamada galé, utilizada há cerca de 2.700 anos.

4 Cite um exemplo de um objeto que pode ser considerado um legado cultural de um povo da Antiguidade.

_____

_____

5 Selecione alguns objetos de seu cotidiano que podem ser considerados exemplos de heranças culturais. Justifique sua resposta.

_____

_____

_____

6 Observe as imagens e responda às questões.

I.

NATHAN BENN/GETTY IMAGES - MUSEU DAS CIVILIZAÇÕES DA ANATÓLIA, ANCARA

Utensílios de cozinha feitos de ossos, de cerca de 8.000 anos atrás, encontrados em Çatal Hüyük, sítio arqueológico na atual Turquia.

II.

BIBLE LAND PICTURES AKG-IMAGES/ALBUM/FOTOARENA - COLEÇÃO PARTICULAR

Miniatura de casa feita de argila, de cerca de 3.000 anos atrás, construída na Mesopotâmia, na região da atual Síria.

III.

PETER HORREE/ALAMY/FOTOARENA - COLEÇÃO PARTICULAR

Recipiente feito de cerâmica, de cerca de 2.800 anos atrás, encontrado na Mesopotâmia, na região do atual Irã.

a) De que são feitos os objetos retratados nas fotografias?

_____

_____

b) Esses objetos têm semelhanças com os que usamos no cotidiano hoje? Por quê?

_____

_____

_____

Registros de memória: a escrita

A escrita representa o resultado de um processo de desenvolvimento da comunicação e, entre os povos antigos, tinha uma importante função na vida religiosa e econômica, pois os rituais e a coleta de impostos, por exemplo, eram registrados dessa forma.

As primeiras formas de escrita conhecidas foram desenvolvidas há cerca de 5.500 anos. Alguns historiadores do passado consideravam seu desenvolvimento uma transformação muito relevante e, por isso, definiram o surgimento da escrita como o marco que separaria dois períodos distintos: a Pré-História e a História. Eles acreditavam que os registros escritos eram os recursos essenciais para conhecer a vida dos povos do passado. Hoje sabemos que ela é muito importante, mas que não é o único recurso.

Diferentes tipos de escrita

Muitos povos antigos desenvolveram diferentes maneiras de escrever. Os sumérios, que viveram na Mesopotâmia, foram os inventores da escrita **cuneiforme**, que são inscrições feitas em uma placa de argila utilizando-se um objeto pontiagudo chamado cunha (de onde vem a palavra *cuneiforme*: em forma de cunha).

Os egípcios inventaram os **hieróglifos** (*hiero* = sagrado e *glifo* = símbolo), uma escrita sagrada realizada por escribas e sacerdotes e muito utilizada em templos e túmulos.

Os maias, que viveram na América entre os séculos III e X, também criaram uma escrita por glifos, símbolos que representavam palavras, por isso sua escrita se chama **pictoglífica** (*picto* = figura e *glifo* = símbolo).

Diferentemente dos sumérios, egípcios e maias, os fenícios utilizavam um **alfabeto** composto de 22 letras, sem vogais, que podiam se unir para formar palavras. O alfabeto fenício serviu de base para o alfabeto grego, que, por sua vez, deu origem ao alfabeto que utilizamos na língua portuguesa.

Detalhe de inscrição em túmulo fenício de aproximadamente 3.000 anos atrás.

Detalhe de um conjunto de placas com inscrições maias de cerca de 3.500 anos atrás.

7 Relacione as colunas abaixo ligando o tipo de escrita ao povo que a desenvolveu.

a) Hieróglifo.

b) Cuneiforme.

c) Pictoglífica.

☐ Maias.

☐ Egípcios.

☐ Sumérios.

8 Observe as imagens abaixo e faça o que se pede a seguir.

Escrita suméria.   Escrita egípcia.

Boi

Sol

Ir

Água

a) O que os dois primeiros tipos de escrita representados nas imagens têm em comum? Explique.

_____
_____

b) Crie um sistema de escrita com símbolos para escrever seu nome e o de um colega. Depois, registre sua criação no quadro abaixo.

O que você aprendeu

- A classificação dos períodos históricos anteriores à escrita usa como critério as técnicas e os utensílios inventados pelos grupos humanos, como a pedra lascada, a pedra polida e os metais.
- O período conhecido como Pré-História da humanidade foi dividido em diferentes fases, de acordo com os tipos de ferramenta criados pelos grupos humanos.
- As formas de organização social e política se transformaram com o aumento da população, que convivia em grandes grupos, aldeias ou cidades.
- Os objetos confeccionados por um povo são parte da cultura material. Eles têm relação com os aspectos do cotidiano e da vida concreta, mas também retomam os elementos simbólicos de uma cultura.

1 Cite uma ferramenta ou utensílio utilizado no período Neolítico. Qual era a função dessa ferramenta?

_____
_____
_____
_____

2 Leia as afirmações e identifique o período a que se referem, assinalando **P** para Paleolítico, **N** para Neolítico e **M** para Idade dos Metais.

☐ Neste período, muitas populações utilizavam bronze e ferro para fabricar ferramentas.

☐ Os tecidos de lã e linho foram criados neste período.

☐ Neste período, usavam-se, principalmente, roupas feitas de peles de animais.

☐ Instrumentos mais aprimorados de pedra foram confeccionados nesta época, conhecida também como Idade da Pedra Polida.

☐ Neste período, a maior parte dos grupos humanos era nômade.

3 Leia o texto e responda à questão a seguir.

> É possível que os primeiros utensílios [...] continuem desconhecidos [...]. É também provável que outros materiais, que se teriam decomposto sem deixar vestígios, como a madeira, o couro e o osso, fossem usados e trabalhados pelo menos na mesma época que a pedra. [...]. Portanto, a fabricação de utensílios [...] pode ter começado antes da data sugerida pelos testemunhos de que dispomos sobre aqueles importantes desenvolvimentos. Esses testemunhos consistem nos primeiros utensílios líticos identificáveis, marco inicial da Idade da Pedra, assim chamada por convenção.
>
> SUTTON, J. E. G. A Pré-História da África Oriental. 512-513. In: KI-ZERBO, Joseph (Ed.). *História geral da África*: metodologia e Pré-História da África. 3. ed. São Paulo: Cortez; Brasília: Unesco, 2011. p. 512-513. v. 1.

Lítico: feito de pedra.

- Quais são os "testemunhos" sobre a fabricação de utensílios a que o texto se refere? Eles podem ser considerados parte da cultura material?

_____
_____
_____
_____

4 Observe a imagem e responda à questão.

Vista do sítio arqueológico de Harapa, Vale do Indo, construído há cerca de 5.000 anos. Punjab, Paquistão.

- Com base na análise dos vestígios da cidade de Harapa, pode-se dizer que a construção da cidade foi planejada? Por quê?

_____
_____
_____

5 Como os rios favoreceram a fixação de grupos humanos em um determinado local? Dê exemplos.

_____
_____
_____
_____
_____
_____
_____

6 Observe as imagens e complete as lacunas das sentenças a seguir.

a) Parte de vila há cerca de 5.000 anos, descoberta no sítio arqueológico de Skara Brae. Arquipélago Orkney, Escócia.

Durante o _____,
a construção de _____
e assentamentos favoreceram a
_____ contra perigos
e o armazenamento de
_____.

b) Pintura rupestre de bovinos do período Neolítico. Região de Tadrat Acacus, Líbia.

A _____ das espécies
animais estimulou o desenvolvimento
da agricultura e do _____
e favoreceu a produção de
_____ e outros itens,
como couros e tecidos.

7 Quais foram os tipos de organização social característicos dos períodos Paleolítico e Neolítico? Explique.

40

8 Leia as sentenças a seguir e assinale a alternativa que indica apenas elementos que fazem parte da cultura material.

a) ☐ Músicas e instrumentos de caça.

b) ☐ Enfeites e festas tradicionais.

c) ☐ Edifícios e tradições orais.

d) ☐ Instrumentos musicais e vestimentas.

e) ☐ Lendas e vestígios de centros cerimoniais.

9 Observe as imagens e responda às questões a seguir.

Placa com inscrições hieroglíficas egípcias.

Parte de escrito pictoglífico maia.

a) O que esses tipos de escrita têm em comum?
_____
_____

b) Por que a escrita pode ser considerada importante para a cultura material de um povo? Explique.
_____
_____
_____
_____

Atividade divertida

Chegou a hora de testar seus conhecimentos sobre as formas de organização dos primeiros grupos humanos. Siga as pistas e encontre as palavras no diagrama.

1. Período histórico em que os seres humanos criaram os primeiros utensílios e ferramentas em pedra lascada.
2. Período histórico em que surgiram novas técnicas para fabricação de ferramentas e ocorreu a domesticação de plantas e animais.
3. Local criado para garantir proteção aos grupos humanos e estocar alimentos.
4. Depósitos de vestígios arqueológicos encontrados no litoral do Brasil compostos de restos de conchas e ossos.
5. Contexto do desenvolvimento do cultivo de alimentos, assim chamado por causa das profundas transformações que provocou nas formas de organização dos grupos humanos.
6. Conjunto de clãs, em geral, chefiados por uma liderança que tinha funções políticas e religiosas.
7. Lugares em que as sociedades antigas cultuavam figuras religiosas, celebravam as colheitas e faziam oferendas às divindades.

Réplica de habitação do período Neolítico. Região de Jura, França.

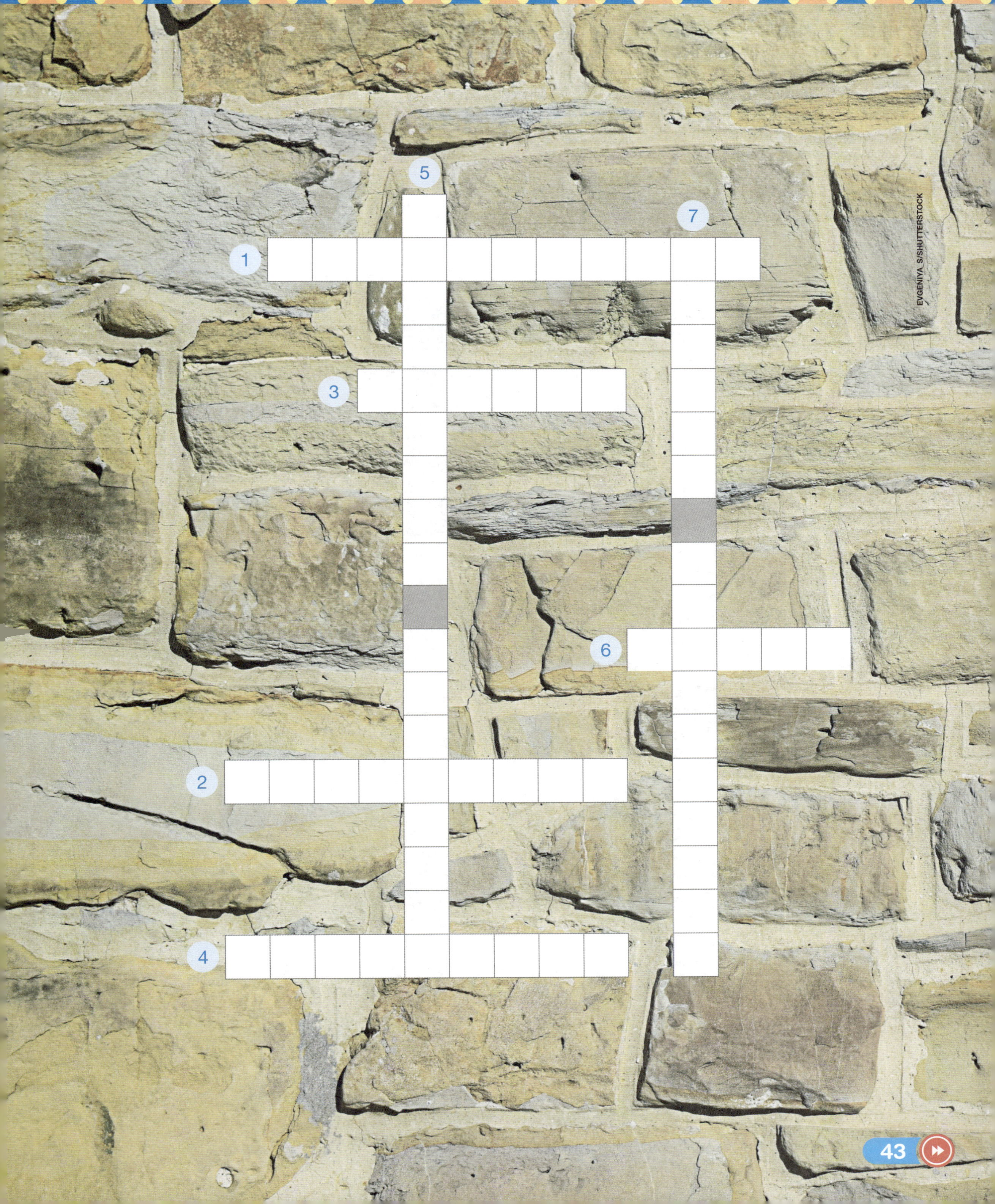
1
2
3
4
5
6
7
EVGENIYA S/SHUTTERSTOCK

UNIDADE 2
Os primeiros núcleos populacionais

A antiga cidade de Palmira, fundada há 4 mil anos, era um importante centro cultural e ponto de parada das caravanas das rotas comerciais. Atualmente, a cidade tem sido palco de disputas no Oriente Médio e muitos dos vestígios arqueológicos foram destruídos nos conflitos. Região de Tadmor, Síria, 2016.

Vamos conversar

Observe a imagem da antiga cidade de Palmira. Os objetos encontrados nesse sítio arqueológico e suas ruínas revelam importantes características da vida social e cultural dessa cidade.

1. Como essas construções e peças arqueológicas podem contribuir para o estudo do modo de vida nas cidades antigas?
2. Por que é importante preservar esses registros?

CAPÍTULO 1. Os primeiros núcleos populacionais

Os primeiros núcleos populacionais surgiram no período Neolítico, quando alguns grupos humanos tornaram-se sedentários e passaram a desenvolver a agricultura e a domesticação de animais. A fixação desses grupos em um mesmo local gerou grandes mudanças na forma de organização social. As moradias começaram a ser construídas próximas aos campos de cultivo. Além de proteger contra o frio e outros perigos, essas construções também serviam para armazenar alimentos para os períodos de escassez. Esse processo deu origem às primeiras aldeias, que eram habitadas por pessoas que trabalhavam no campo e produziam o que era necessário para viver, como as próprias ferramentas, vestimentas e outros utensílios.

Na região do Egito e da Mesopotâmia, as condições geográficas favoreceram a agricultura e o desenvolvimento tecnológico. Por conta das cheias dos rios, foi possível formar as primeiras aldeias. Há cerca de 9.000 anos, na região de Anatólia, onde hoje se localiza a Turquia, existiam núcleos habitados por milhares de pessoas, como Çatal Hüyük e Asikli Höyük. Nesses locais havia casas e viviam cerca de 8 mil pessoas que conciliavam os trabalhos no campo, a caça e a coleta de frutos e vegetais. O trabalho era feito em grupo, pois era preciso armazenar alimentos para todos. Apesar de partilharem alguns hábitos, esses assentamentos tinham costumes e culturas diferentes.

Escavação em Çatal Hüyük, assentamento Neolítico de mais de 8 mil anos. Turquia, 2014. Os pesquisadores estão em uma antiga casa composta de uma sala e quartos pequenos.

1 O que favoreceu o surgimento das primeiras aldeias?

_____
_____
_____

2 Que funções tinham as construções das primeiras aldeias?

_____
_____
_____

3 Quais eram as principais atividades realizadas nas primeiras aldeias?

_____
_____
_____

4 Como você imagina que eram os primeiros núcleos de população e suas construções? Faça um desenho representando-os.

A formação das primeiras cidades

O desenvolvimento de técnicas de agricultura e o aperfeiçoamento das ferramentas fizeram com que a oferta de alimentos crescesse. Com isso, a população aumentou e a produção de alimentos deixou de ser coletiva, pois nem todas as pessoas precisavam trabalhar no campo e algumas puderam dedicar-se à produção artesanal.

A especialização do trabalho e o aumento da oferta de alimentos geraram maior variedade de produtos que poderiam ser comercializados. Essa transição levou à criação de espaços destinados à produção artesanal e ao comércio separados do trabalho no campo. Casas e oficinas começaram a ocupar ruas em volta de pequenas praças, onde ocorriam feiras, dando origem às cidades. Muitas delas eram protegidas por muros de tijolos que delimitavam a área.

A cidade da Babilônia, há 2.600 anos, era protegida por grandes muralhas. Iraque, 2008.

Na Mesopotâmia, há cerca de 6.000 anos, existiram grandes cidades, como Ur, Uruk e Eridu. Elas foram fundadas pelo povo sumério e tinham características arquitetônicas comuns. Uruk foi a maior cidade do período. Ela era dividida em bairros religiosos, administrativos, residenciais e comerciais, e também tinha exército e um sistema de administração pública.

Outros núcleos urbanos foram construídos em diferentes regiões do planeta. Por exemplo, há mais de 3.000 anos, surgiram várias cidades, como Atenas, na Grécia, Roma, na Itália, Anyang, na China, e Teotihuacán, na região onde hoje se localiza o México.

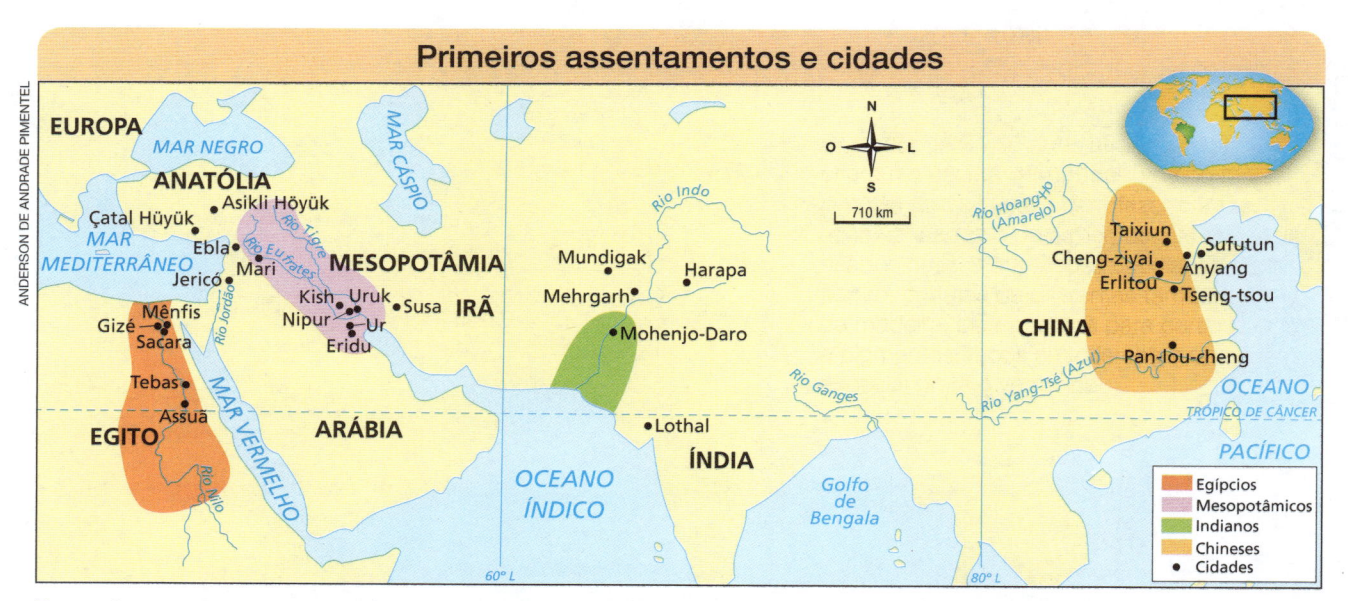

Fonte: *A aurora da humanidade*. Rio de Janeiro: Time-Life/Abril Livros, 1993. (Coleção História em revista).

5 Como ocorreu a formação das primeiras cidades?

_____
_____
_____

6 Por que a produção de alimentos deixou de ser coletiva? Explique.

_____
_____
_____

7 Observe as imagens abaixo e responda à questão.

Vista das ruínas arqueológicas da pirâmide da cidade de Tula. O local foi capital do Império Tolteca na América Central há cerca de 1.200 anos. México, 2017.

Ruínas do Templo Branco no sítio arqueológico de Uruk. Essa foi a maior cidade suméria há mais de 5.000 anos, servindo de modelo para outras cidades da Mesopotâmia. Iraque, 2010.

- Que semelhanças você observa entre as duas imagens? E diferenças?

_____
_____
_____

Expansão das cidades e a organização social

Há cerca de 6 mil anos, diversas cidades surgiram na Mesopotâmia e na África. Algumas delas conquistaram outros povos, expandiram seus domínios e se transformaram em grandes impérios, como o Império Egípcio e o Babilônico. Na Mesopotâmia, inicialmente, a administração de cada cidade era exercida por um sacerdote, que governava o próprio templo. À medida que as tarefas administrativas ficaram mais complexas, os palácios passaram a ser o centro administrativo do governo, comandado por um rei.

A expansão territorial e o aumento populacional exigiram mudanças na administração do território e da vida em sociedade. Com uma oferta maior de produtos, o comércio entre os povos cresceu. Foram criados órgãos administrativos e jurídicos, pois era necessário arrecadar impostos, construir novos prédios, aplicar as leis e defender a cidade, entre outras funções. Com essas mudanças, surgiram muitas profissões essenciais à vida em sociedade: agricultores, artesãos, tesoureiros, tecelões, pintores, pedreiros, criadores de animais, soldados, músicos e muitas outras.

Espelho de cerca de 3 mil anos encontrado em Lahun, uma cidade planejada em que residiam sacerdotes e artesãos, na região de Faium, Egito.

Com o desenvolvimento das cidades, o registro das informações se tornou cada vez mais necessário. Por exemplo, a arrecadação de impostos gerava muitos dados, pois controlava-se quem havia feito o pagamento, quem não tinha a obrigação de pagar e quem estava em dívida. Para facilitar esse trabalho, os sumérios inventaram a escrita, que foi usada também para emitir decretos, definir fronteiras de territórios e fazer registros religiosos. No Egito, o domínio da escrita era muito valorizado e os **escribas** eram as pessoas responsáveis por ela.

Audiovisual
Os povos da Mesopotâmia

Placa de argila com inscrições mesopotâmicas de cerca de 5 mil anos.

8 O crescimento das primeiras cidades provocou inúmeras transformações. Quais foram elas?

_____
_____
_____
_____

9 Observe as imagens abaixo e explique a importância das profissões retratadas para a vida nas cidades.

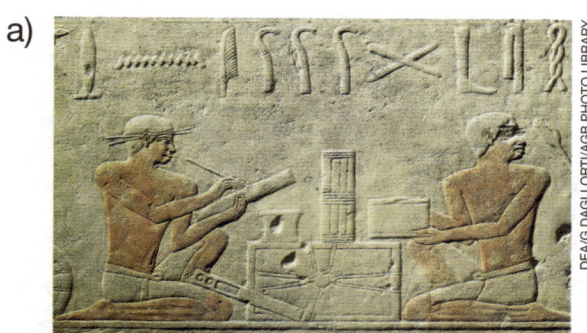

a)

Relevo de 4.400 anos, retratando dois escribas. Região de Sacará, Egito.

b)

Pintura de cerca de 3.400 anos, retratando a colheita do trigo. Região onde se localizava Tebas, Egito.

c)

Relevo de cerca de 3.500 anos, retratando soldados egípcios. Região onde se localizava Tebas, Egito.

Para ler e escrever melhor

Os textos a seguir permitem **comparar** características de antigas cidades criadas por diferentes povos em momentos históricos distintos. A leitura ajudará a compreender as **transformações** que ocorreram na organização do espaço urbano.

A cidade de Çatal Hüyük

Os estudos arqueológicos realizados em Çatal Hüyük, na Turquia, indicam que essa ocupação humana durou cerca de 1.400 anos. A população da cidade era composta de cerca de 8 mil habitantes que praticavam a agricultura, a criação de animais, além de atividades artesanais e comerciais.

Praticamente não havia ruas na cidade. As casas eram semelhantes, construídas de tijolos de barro, muito próximas umas das outras. O acesso a elas era feito pelo teto, com o auxílio de escadas. A cobertura das casas constituía a área pública da cidade, onde circulavam pessoas e mercadorias. Existiam santuários, mas não foram encontrados palácios nem edifícios públicos, o que indica que não existia uma hierarquia social.

Representação atual do antigo assentamento de Çatal Hüyük, há mais de 8 mil anos, Turquia.

As cidades do Egito antigo

Muitas cidades do Egito antigo se estabeleceram no vale do rio Nilo. Havia uma hierarquia econômica e social muito rígida que determinava o tipo de moradia: os trabalhadores usavam materiais frágeis como tijolos de barro e fibras vegetais para construir suas casas, localizadas em vilas com ruas estreitas e muito próximas umas das outras; o faraó, os funcionários reais e os ricos viviam em lugares mais altos e em moradias de pedra perto dos centros de comércio e dos edifícios públicos. Existiam também templos, mastabas e palácios.

Faraó: título dado ao governante no Egito antigo que também representava o poder divino.

Mastaba: túmulo egípcio antigo em forma de pirâmide com topo plano.

O espaço rural não estava separado do urbano porque os campos de cultivo e as moradias ficavam próximas às margens do rio Nilo. Boa parte da população trabalhava no campo, de onde vinham os alimentos e a matéria-prima necessários para a sobrevivência e a confecção de objetos.

Ruínas de Deir el-Medina, antiga aldeia de artesão. Região de Luxor, Egito, 2016.

1. Aponte quais são as diferenças entre as cidades apresentadas nos textos.

2. E quais são as semelhanças entre as duas cidades?

3. Descreva a organização espacial da cidade em que você vive, comparando o modo de organização de casas, prédios e espaços públicos desse local e das cidades descritas no texto.

53

CAPÍTULO 2 — A organização da vida social

Apesar de algumas cidades antigas encontrarem-se próximas entre si, elas podiam ter formas de organização política, econômica e social muito diferentes. As antigas cidades sumérias, na Mesopotâmia, por exemplo, eram independentes, isto é, cada uma tinha seu próprio sistema administrativo e jurídico. O controle político e religioso ficava nas mãos de um pequeno grupo social, enquanto a maior parte da população trabalhava nos campos e não participava das decisões políticas. Os sumérios eram politeístas, ou seja, acreditavam em vários deuses.

No Egito antigo, a administração era dividida entre várias cidades, chamadas **nomos**, que tinham um chefe local que pertencia à elite. As cidades não eram independentes e faziam parte de um grande império governado por um faraó que representava, ao mesmo tempo, o poder político e religioso. As principais atividades econômicas eram a agricultura e a criação de animais. Camponeses, artesãos e pessoas escravizadas realizavam a maior parte do trabalho no campo e nas cidades. Os egípcios, como os sumérios, eram politeístas e sua sociedade também possuía uma hierarquia social rígida e desigual.

Tanto os egípcios quanto os sumérios exerceram grande influência cultural em outras cidades com as quais realizavam trocas comerciais. Por meio desse contato, algumas cidades assimilaram costumes e aspectos da cultura egípcia, como a escrita e as artes.

Detalhe de pintura em parede representando camponeses em plantação. Região de Luxor, Egito, cerca de 3.200 anos atrás. Mulheres e homens trabalhavam na produção agrícola e artesanal, preparando artefatos, alimentos e vestimentas.

1 Que características as sociedades suméria e egípcia tinham em comum? E quais eram diferentes?

_____
_____
_____

2 Observe a imagem a seguir, leia o texto e responda à questão.

Os zigurates eram grandes templos em formato de pirâmide, com escadas que levavam ao topo. Eles eram construídos por súditos ou escravizados. Esse estilo arquitetônico foi encontrado em diferentes cidades dos antigos povos da Mesopotâmia.

Zigurate da antiga cidade suméria de Ur. Iraque, 2016.

- Como era a organização do poder político e religioso entre os sumérios? É possível relacionar a construção dos zigurates a esse contexto?

_____
_____
_____
_____

3 Marque **V** para verdadeiro e **F** para falso nas sentenças abaixo.

☐ As cidades egípcias se desenvolveram no entorno do rio Nilo.

☐ As cidades sumérias eram independentes, com sistemas administrativos próprios.

☐ O faraó representava apenas o poder político.

☐ No Egito, a maior parte do trabalho era realizada nas cidades.

☐ Com as trocas comerciais, muitas cidades foram influenciadas pelas culturas egípcia e suméria.

Fontes históricas para conhecer as cidades antigas

Os documentos escritos são importantes fontes para compreender o cotidiano das primeiras cidades. A escrita desempenhou um papel fundamental na organização social, pois possibilitou estabelecer leis, contratos comerciais e registros fiscais. Além disso, conhecimentos e técnicas também foram transmitidos por meio da escrita.

Escrita e costumes: Mesopotâmia

Na Mesopotâmia, viveram vários povos, como os sumérios, os acádios, os assírios e os babilônios. Eles partilhavam alguns elementos culturais, mas tinham línguas e costumes diferentes. Há cerca de 3.800 anos, o rei babilônico Hamurábi conquistou vários territórios da Mesopotâmia. Com o intuito de unificar os costumes, ele organizou o Código de Hamurábi, um conjunto de leis que estabeleciam regras para a vida em família, as relações de trabalho, as trocas comerciais, os crimes, entre outras coisas. Esse documento é uma fonte importante para o estudo dessas sociedades antigas.

Coluna de pedra do Código de Hamurábi, peça de 2,25 metros de altura. Na parte superior ao texto, Hamurábi foi representado recebendo o poder de Shamash, o deus Sol, divindade da justiça.

Escrita no Egito antigo

Os documentos deixados pelos escribas do Egito antigo também permitem investigar como era a administração pública e a vida daquela sociedade. A primeira forma de escrita egípcia foi o **hieróglifo**, composto de um conjunto de símbolos que representavam ideias e valores. Apenas os faraós, os funcionários da realeza, os sacerdotes e os escribas sabiam escrever, sendo os escribas considerados muito importantes pelo registro dessa cultura. Muitos documentos egípcios eram escritos em papiros, um tipo de folha feita de uma planta que era comum naquela região da África.

O escriba sentado, peça egípcia de 53,7 cm de altura, de cerca de 4.600 anos.

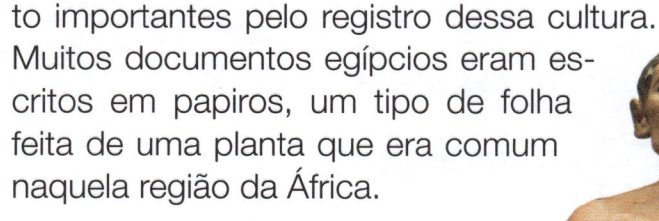

Material de trabalho dos escribas, de cerca de 3.300 anos, encontrado na região de Tebas, Egito.

4 De que modo as fontes escritas podem auxiliar no estudo das sociedades antigas?

_____
_____
_____

5 Classifique cada tipo de fonte histórica de acordo com a legenda abaixo.

| V | Fonte material visual | | VE | Fonte material visual e escrita |

a) Estátua do faraó Ramsés II, que reinou no Egito há mais de 3.000 anos.

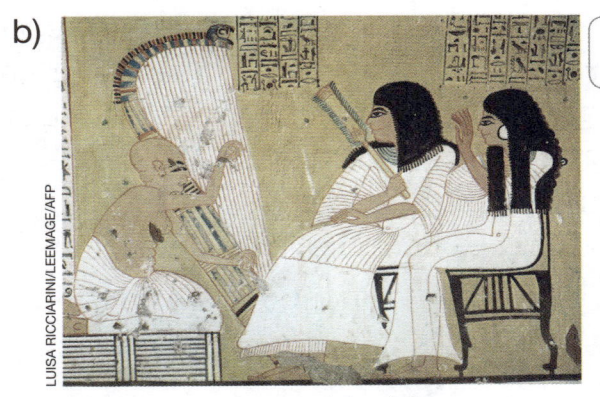

b) Afresco representando músicos egípcios de cerca de 3.000 anos.

c) Página do *Livro dos mortos* produzido por escribas no Egito, há cerca de 2.250 anos.

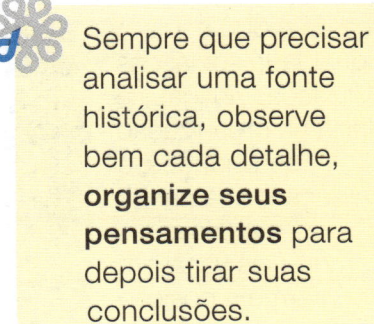

d) Coluna de pedra de Marduk da civilização babilônica, de cerca de 2.900 anos.

e) Pintura em mural representando a colheita de papiro no Egito, há mais de 3.000 anos.

> Sempre que precisar analisar uma fonte histórica, observe bem cada detalhe, **organize seus pensamentos** para depois tirar suas conclusões.

57

O mundo que queremos

De acordo com a Constituição brasileira atual, todas as pessoas são iguais e têm os mesmos direitos. Mas nem sempre foi assim. Leia o texto a seguir e saiba como eram essas relações na Antiguidade.

Constituição: conjunto de leis fundamentais de um país.

Cidadania e igualdade: uma conquista histórica

Em muitas sociedades antigas, a desigualdade era o fundamento da organização social. Nem todas as pessoas tinham os mesmos direitos. As mulheres, por exemplo, não tinham os mesmos direitos que os homens. As ideias de cidadania e igualdade desenvolveram-se ao longo dos séculos, muito tempo depois da criação das primeiras cidades.

Com a passagem da organização em aldeias para os centros urbanos, alguns grupos assumiram o controle das cidades. As decisões sobre a vida em comunidade não eram tomadas de forma igualitária, o que tornava as sociedades desiguais. O poder e as terras ficaram centralizados nas mãos de pequenos grupos e a maioria da população foi excluída das decisões políticas.

No Egito antigo, o faraó era considerado um intermediário entre os deuses e o povo e, por isso, exercia um grande poder. Todas as decisões eram tomadas por ele, cujo poder era hereditário, isto é, era transmitido somente aos membros da mesma família. Os funcionários reais, como sacerdotes, escribas e chefes militares, tinham posições privilegiadas. Já a maioria da população – artesãos, camponeses e escravizados, que realizavam a maior parte dos trabalhos – era excluída das decisões, pagava altos impostos e, muitas vezes, era forçada a trabalhar sem receber pagamento nas construções públicas.

Essas diferenças sociais se refletiam na organização das cidades: os reis e a nobreza viviam em palácios luxuosos, enquanto artesãos, camponeses e escravizados viviam em casas simples, feitas de barro e cobertas com folhas.

Modelos de casas da civilização egípcia de cerca de 4.000 anos. A desigualdade social das civilizações antigas se refletia na organização das cidades; a localização, o tamanho e os materiais das moradias variavam conforme a posição social do morador.

1 Nas cidades antigas todos tinham acesso às mesmas condições de vida? Justifique sua resposta.

2 Como eram as condições de vida da maior parte da população no Egito antigo?

3 Por que o faraó exercia grande poder no Egito?

4 A desigualdade social se refletia na organização das cidades antigas e nas moradias. Isso ainda ocorre atualmente? Os bairros da cidade onde você vive são divididos de acordo com o poder econômico dos moradores? Existe diferença nos tipos de moradia? Em duplas, discutam quais medidas poderiam ser tomadas para tornar as cidades mais igualitárias. Criem uma proposta e apresentem-na para a turma.

CAPÍTULO 3 — Cidades e impérios da Mesopotâmia

A região da Mesopotâmia era muito fértil e a proximidade com os rios favorecia o comércio fluvial. Há milhares de anos, muitos povos e culturas conviveram e disputaram espaço e poder nessa região. Eles também partilharam muitos costumes e hábitos.

Um dos primeiros povos que habitaram a região da Mesopotâmia foram os sumérios. Eles eram agricultores, desenvolveram um sistema de escrita e organizavam-se em cidades autônomas, como Ur. A escrita cuneiforme e seu sistema numérico influenciaram vários outros povos que viveram na região. Há cerca de 4.200 anos, os acádios dominaram os sumérios e outros povos da região e formaram um império. As cidades deixaram de ser independentes e foram unificadas sob o comando de um único rei.

Comunicado real em escrita cuneiforme, peça suméria de cerca de 3.500 anos encontrada na Síria.

Império Babilônico

Depois do domínio dos acádios, a Mesopotâmia foi invadida e dominada por outros povos, como os amoritas, os caldeus, os elamitas, os assírios e os medos. Há aproximadamente 3.800 anos, a região foi conquistada pelos babilônios, que construíram um grandioso império, composto de várias cidades. Eles desenvolveram um calendário baseado em um sistema astronômico que ajudava a conhecer as melhores fases para a agricultura. Durante o Segundo Império Babilônico, no governo de Nabucodonosor, grandes obras arquitetônicas foram construídas, como os Jardins Suspensos. Por volta de 2.500 anos atrás, os persas, que tinham grandes redes comerciais e contato com diversos povos, dominaram a região.

A região da Mesopotâmia sofreu várias guerras e invasões. Parte do Estandarte de Ur, artefato sumério de cerca de 4.500 anos, encontrado em Ur, Iraque.

1 Por que a região da Mesopotâmia era disputada por vários povos?

_____
_____
_____

2 Quais foram as principais transformações políticas que ocorreram na região da Mesopotâmia com o domínio dos acádios?

_____
_____
_____

3 Encontre, no diagrama, as respostas dos itens abaixo.

a) Um dos primeiros povos da Mesopotâmia.
b) Antiga cidade suméria.
c) Povo que dominou os sumérios.
d) Escrita suméria que influenciou outros povos.
e) Povo que dominou os babilônios.

S	N	W	A	P	B	P	T	B	I	N	Ç	S	F
D	M	S	U	M	É	R	I	O	S	L	E	A	Ç
P	B	R	I	A	J	E	P	V	U	P	G	L	T
C	U	N	E	I	F	O	R	M	E	O	T	O	U
B	Q	B	I	H	O	N	I	C	O	S	F	M	R
I	G	P	I	R	A	C	E	A	G	O	S	N	Ç
S	V	E	Q	Y	X	X	G	V	A	Q	Z	Y	T
W	R	R	S	B	I	W	A	A	M	U	O	B	L
F	E	S	T	H	A	C	Á	D	I	O	P	T	Y
E	Q	A	S	F	E	V	S	N	R	A	S	X	G

Intercâmbios culturais

A delimitação territorial e a distância entre as vilas e cidades fizeram com que cada povo desenvolvesse modos diferentes de produzir bens, administrar a vida pública ou de se expressar. Apesar de estarem próximos, os povos da Mesopotâmia e do Egito, por exemplo, não falavam a mesma língua e não possuíam o mesmo sistema de escrita ou de crenças religiosas.

Entre os povos da Mesopotâmia havia também sistemas linguísticos diferentes. Porém, muitas das línguas faladas tinham uma matriz comum que se transformou ao longo do tempo, de acordo com as particularidades de cada região.

Uma cultura em comum

Na Mesopotâmia existiram dois grandes grupos linguísticos, ou seja, grupos de línguas ligadas a uma língua em comum: o sumério e o acádio. O acádio foi adotado pelos assírios e babilônios, mas sofreu transformações. Os conjuntos de variações linguísticas ligadas a uma comunidade específica são chamados de **dialetos**, pois expressam as características da região. Com o passar do tempo, muitos dialetos se transformavam em outras línguas. O hebraico, o aramaico e o árabe são línguas derivadas do acádio e são conhecidos como línguas semitas. Assim, os povos semitas são aqueles que têm em comum a mesma raiz linguística, que vem da região mesopotâmica. Mas, mesmo com as transformações, há algumas permanências na língua, como palavras com o mesmo sentido.

Você sabia?

Persépolis foi uma das principais cidades do Império Persa. Seus registros mais antigos são de 2.500 anos atrás. Hoje ela é considerada Patrimônio Mundial da Humanidade. Nesse local ocorriam cerimônias e festividades que envolviam povos vindos de diversos lugares. Na entrada da cidade, foi construído um portal para receber súditos e emissários. O portal tinha inscrições em três línguas, entre elas a escrita cuneiforme dos sumérios.

O relevo, diante do palácio de Dário I da Pérsia, representa guerreiros, guardas e autoridades oferecendo bens como tributo ao Império Persa. Região onde ficava a antiga Persépolis, Irã, 2008.

Você sabia?

A língua portuguesa que utilizamos é derivada do latim – uma língua indo-europeia que passou por diversas transformações regionais ao longo do tempo e originou novas línguas, como o português, o espanhol, o italiano e o francês. Mas a língua portuguesa falada no Brasil não é idêntica à que é falada em Portugal, pois temos influência de outras matrizes linguísticas, como as indígenas e as africanas. Além disso, há as variações regionais que criam dialetos. Dependendo da região, são utilizadas palavras diferentes para denominar uma mesma coisa, como criança, que na Região Sul do Brasil é chamada de piá, por influência indígena.

4 Por que as línguas sofrem transformações?

_____
_____
_____

5 Quais são os povos semitas? Por que eles são chamados dessa maneira?

_____
_____
_____

6 Pesquise sobre os povos que têm línguas de origem semita na atualidade. Procure saber se eles partilham outros costumes, como hábitos alimentares, tradições etc. Selecione algumas fotografias retratando esses costumes e faça uma apresentação com cartaz, compartilhando com a turma o resultado de sua pesquisa.

Na Palestina vivem árabes e judeus. As línguas desses povos derivam da mesma raiz semita. Apesar dos costumes diferentes e dos conflitos constantes entre eles, uma nova maneira de falar surgiu na região como um dialeto que mistura o árabe e o hebraico. Pescadores no porto da cidade de Gaza, Faixa de Gaza, Palestina, 2014.

Como as pessoas faziam para...

Escrever no Egito antigo

A escrita no Egito antigo era uma atividade muito importante e restrita aos faraós, funcionários da realeza, sacerdotes e escribas. Será que as formas de escrita utilizadas pelos egípcios na Antiguidade eram muito diferentes das que utilizamos hoje?

A primeira forma de escrita no Egito antigo foi o **hieróglifo**, que surgiu há cerca de 5.300 anos. Esse tipo de escrita representava objetos por meio de desenhos. Além dos símbolos de animais, existiam hieróglifos de utensílios, como cestos e cordas, e de partes do corpo humano, como braços e olhos.

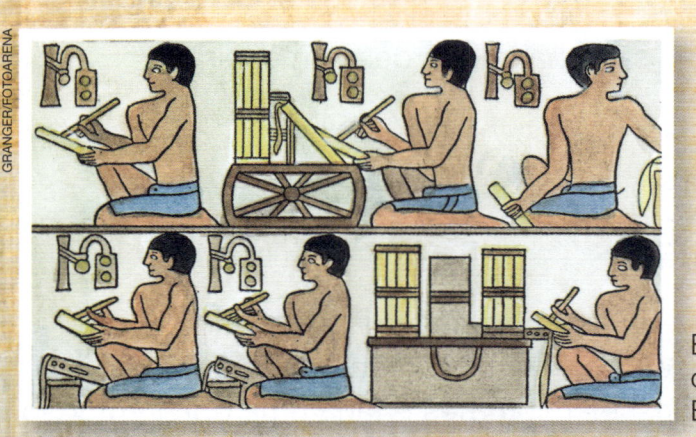

Placa com escrita hieroglífica de cerca de 4 mil anos atrás.

Escribas registrando a cobrança de impostos. Região de Sacará, Egito, há cerca de 4.700 anos.

Por volta de 2.700 anos atrás, os egípcios criaram a escrita **demótica**, um tipo mais simples que se usava para fazer contas, escrever cartas e documentos. Os materiais usados nessas anotações cotidianas eram papiro, canetas de diferentes tamanhos feitas de madeira, instrumentos para cortar o papiro e pigmentos secos em diferentes cores, em especial preta e vermelha.

Ferramentas de trabalho dos escribas, de cerca de 2.600 anos atrás.

Ferramentas de trabalho dos escribas, de cerca de 3.000 anos atrás.

Era comum que os escribas tivessem de viajar para fazer os registros e, por isso, eles guardavam seus materiais em estojos. Eles levavam entre seus instrumentos pequenos potes com água e goma para preparar as tintas. A mistura de pigmentos, corantes e solventes era feita em um pilão. Depois de preparar as tintas, elas eram depositadas no estojo. Para apoiar o papiro, usavam uma prancheta e marcavam o papel com selos que garantiam a origem do documento.

Os escribas acompanhavam a coleta de impostos, a construção de obras públicas, os julgamentos e até mesmo o armazenamento dos cereais nos celeiros durante a colheita. As atividades do império eram registradas e controladas por esses funcionários, que eram considerados muito importantes, pois apenas uma pequena parcela da população sabia ler e escrever.

Modelo de madeira representando escribas em um celeiro registrando a produção. Região de Deir el-Bahari, Egito, há cerca de 4.000 anos.

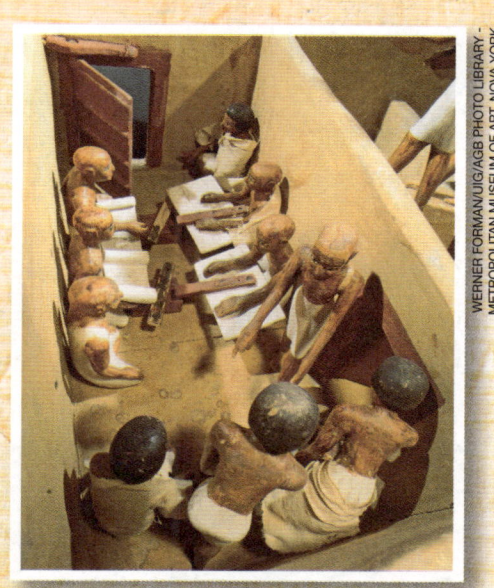

Existiam escribas especializados em fazer desenhos tanto em papiro quanto em murais. Alguns deles desfrutavam de grande prestígio social e realizavam funções como estudo de matemática, astronomia, ciências e atividades religiosas.

Página do *Livro dos mortos* produzido por escribas no Egito, há mais de 3.000 anos.

1 Por que a escrita era considerada uma atividade tão importante entre os egípcios?

2 Quais instrumentos os escribas utilizavam nas atividades deles? Esses instrumentos são parecidos com os que você usa para escrever?

CAPÍTULO 4 — Cidadania no passado e no presente

Você já deve ter ouvido falar na palavra **cidadania**. Mas você sabe o que ela significa? Quem é cidadão? A palavra cidadania refere-se aos direitos e deveres de um indivíduo e de toda a comunidade em uma sociedade politicamente organizada. Hoje, todos são considerados cidadãos. Porém, a concepção de cidadania sofreu muitas transformações ao longo do tempo, pois nas cidades antigas nem todas as pessoas tinham os mesmos direitos ou podiam participar da vida política.

Na Babilônia, um dos primeiros tratados jurídicos de que se tem registro, o Código de Hamurábi, organizado há cerca de 3.800 anos, dividia a sociedade entre trabalhadores livres, escravos e ricos. De acordo com esse conjunto de leis, os delitos contra a população que tinha mais propriedades eram punidos com maior severidade. Havia também uma diferença entre homens e mulheres, pois apenas os homens tinham direito à herança familiar.

Placa de argila retratando mulher tecelã. Babilônia, há cerca de 3.000 anos.

Decisões políticas na Antiguidade

Na Roma antiga, cidade que atualmente é a capital da Itália, os direitos e a participação nas decisões também não eram estendidos a todas as pessoas. Há mais de 2 mil anos, a sociedade era dividida em classes: grandes proprietários de terras, que eram chamados de **patrícios**, tinham vários direitos, como o acesso aos cargos públicos; já os **plebeus** eram artesãos, camponeses, comerciantes e outros trabalhadores livres que não podiam se casar com patrícios nem participar das decisões políticas. Por anos, lutaram para obter direitos iguais e, há cerca de 2.500 anos, conquistaram o direito às suas próprias reuniões e a eleger um representante político para defender os seus direitos, no caso o **tribuno da plebe**.

Você sabia?

Há 2.500 anos, o primeiro código de leis da Roma antiga ficou conhecido como Lei das Doze Tábuas, pois seu conjunto foi publicado em tábuas de madeira. Ele regulava os direitos da família e de propriedade, além de crimes. Nele, já constavam vários direitos reivindicados pelos plebeus, porém era reafirmada a submissão das mulheres e dos escravos.

Você sabia?

Ao longo dos séculos, Roma conquistou vários povos e se transformou em um grande império. Os povos vencidos nas guerras, muitas vezes, eram escravizados e obrigados a realizar várias tarefas, entre elas tinham de lutar entre si em arenas públicas para a diversão da população. Muitos lutadores, chamados gladiadores, esperavam resgatar a liberdade, caso vencessem o duelo. O Coliseu era um dos espaços em que ocorriam essas batalhas.

O Coliseu, anfiteatro construído durante o Império Romano. Roma, Itália, 2014.

1 Explique o que é cidadania.

_____
_____
_____

2 Nas cidades antigas, todas as pessoas tinham acesso aos mesmos direitos? Explique.

3 Observe as imagens a seguir e responda às questões.

Relevo de arte romana retratando os membros de uma família de patrícios, de cerca de 2.200 anos atrás.

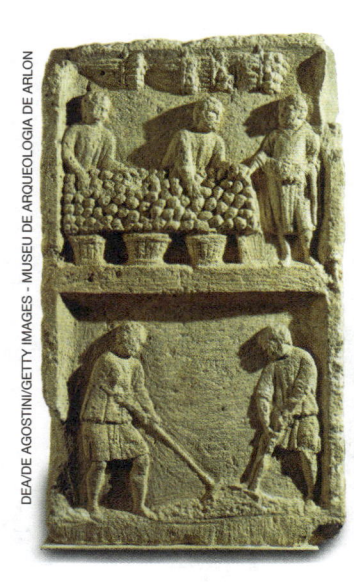

Relevo de arte romana representando um mercado de frutas e dois camponeses trabalhando, de cerca de 2.200 anos atrás.

a) O que as imagens representam? Quais são as diferenças e as semelhanças entre elas?

b) Que diferenças existiam entre os direitos desses dois grupos? Essas diferenças se mantiveram na Roma antiga?

Cidadania na Antiguidade

A ideia de cidadania remete a Atenas, uma cidade da Grécia antiga. Foi nessa sociedade que surgiu o modelo político chamado de democracia. Na democracia ateniense todos os cidadãos deviam participar das decisões políticas por meio de assembleias e votações. Esse regime é diferente, por exemplo, da monarquia, em que o poder está nas mãos apenas de uma pessoa e é transferido de forma hereditária. É diferente, também, da democracia que conhecemos hoje.

Em Atenas, há 2.700 anos, a sociedade era dividida seguindo alguns critérios, como o local de nascimento e a quantidade de terras ou propriedades de uma pessoa ou família. As pessoas nascidas na cidade que tinham grandes propriedades de terra eram chamadas de **eupátridas** e se consideravam os legítimos cidadãos de Atenas. Apenas os homens dessa classe podiam tomar decisões sobre a cidade, como uma oligarquia. Comerciantes e pequenos proprietários eram chamados de **demiurgos**. Aqueles que não possuíam terra ou comércio eram conhecidos como ***thetas*** e as pessoas nascidas em outros locais eram chamadas de **metecos**. Grande parte da população de Atenas, porém, era composta de pessoas escravizadas tanto por dívidas quanto por guerras.

> **Democracia:** de origem grega, significa governo, poder do povo.
>
> **Oligarquia:** forma de governo em que um pequeno número de pessoas controla o poder.

Escultura grega de cerca de 2.400 anos que retrata duas mulheres atenienses: Hegeso, sentada em uma cadeira, recebe uma joia trazida por uma escrava.

Você sabia?

Estátua de bronze representando uma jovem atleta espartana, de 2.500 anos atrás.

Chamadas de *polis* pelos gregos, as cidades eram independentes e muito diferentes entre si, com leis e governos próprios e organizações políticas e sociais distintas. Em Atenas, por exemplo, as mulheres ficavam limitadas ao espaço doméstico; já em Esparta, cidade-estado dedicada a atividades militares, as mulheres recebiam educação física e militar.

Entre 2.400 e 2.600 anos atrás, revoltas e pressões populares levaram a uma série de transformações nas leis e no regime político de Atenas. Naquela época, um novo código de leis definiu punições iguais para os habitantes da cidade e as penas passaram a ser estabelecidas por uma autoridade de acordo com o delito cometido. A escravidão por dívida foi proibida e foi criada uma assembleia para a participação popular.

O poder dos eupátridas, ainda assim, era grande, mas o conceito de democracia ganhou força e a cidadania foi estendida a todos os homens maiores de 18 anos e filhos de pai e mãe atenienses. Entretanto, as mulheres, os escravos e as pessoas não nascidas em Atenas não eram consideradas cidadãs e estavam excluídas da participação política nas instituições daquela cidade.

Na cidade de Atenas, na Antiguidade, o espaço público incluía templos, teatros e praças em que os cidadãos se reuniam para o comércio e para debater política. Templo de Hera, Atenas, Grécia, 2016.

Multimídia
A democracia brasileira

4 Explique quais eram os critérios da cidadania em Atenas na Antiguidade.

_____
_____
_____
_____
_____
_____

5 O que significa a palavra democracia?

_____
_____
_____

6 Os critérios da cidadania em Atenas são diferentes dos utilizados no presente? Em grupo, escrevam no caderno um pequeno texto com as conclusões do grupo.

Cidadania contemporânea

A definição de cidadania se transformou ao longo do tempo. A ideia de que a cidadania envolve a participação popular nas decisões políticas e deve garantir direitos iguais a todos os seres humanos, como entendemos hoje, foi desenvolvida ao longo dos séculos. Durante esse processo, muitos grupos foram marginalizados e excluídos da participação nas decisões e instituições políticas. Houve também muita pressão e resistência para que os direitos fossem estendidos a todas as pessoas.

Igualdade de direitos

Muito tempo depois da democracia ateniense, há cerca de 250 anos, ocorreu na França um importante processo histórico relacionado à ampliação da participação política e à igualdade de direitos entre as pessoas. Naquela época, as decisões do reino eram tomadas pelo rei. Os nobres tinham privilégios e títulos de nobreza (conde, duque, marquês), que garantiam uma posição superior à de quem não fazia parte dessa elite. A família real e os nobres passavam seu poder de forma hereditária, ou seja, de geração a geração. Havia leis diferentes, aplicadas de acordo com a posição social de cada um. Um nobre que recebia terras podia, por exemplo, cobrar pelo uso delas. Já a maior parte da população, que incluía camponeses, comerciantes, artesãos, médicos, advogados etc., tinha de pagar altos impostos e não podia participar das decisões políticas.

Naquela época, com a **Revolução Francesa**, homens e mulheres tiraram o rei e os nobres do poder. Essas pessoas aprovaram a Declaração dos Direitos do Homem e do Cidadão, que definia a igualdade de direitos entre todas as pessoas, sem considerar sua posição social, e afirmava que os seres humanos são livres. Essa declaração representou um marco na conquista da cidadania e influenciou também nas lutas contra a escravidão.

Você sabia?

Olympe de Gouges, que participou da Revolução Francesa, escreveu e apresentou a Declaração dos Direitos da Mulher e da Cidadã, que estendia os direitos da cidadania às mulheres. A declaração não foi reconhecida pelo governo e muitas mulheres continuaram em luta pelo direito à cidadania.

Retrato anônimo de Olympe de Gouges, 1784.

Cidadania no Brasil

No Brasil, nem todos eram considerados cidadãos. Durante a monarquia (1822-1899), apenas homens maiores de 25 anos que tivessem determinada renda tinham o direito de votar e participar das eleições. No início da Primeira República (1899-1930), o critério de renda foi eliminado e os homens alfabetizados maiores de 21 anos puderam votar. Religiosos, alguns soldados, mulheres e analfabetos (que eram mais de 80% da população) não tinham esse direito. A população em geral tinha pouco ou nenhum acesso à educação; assim, a maior parte dos brasileiros estava excluída das decisões políticas.

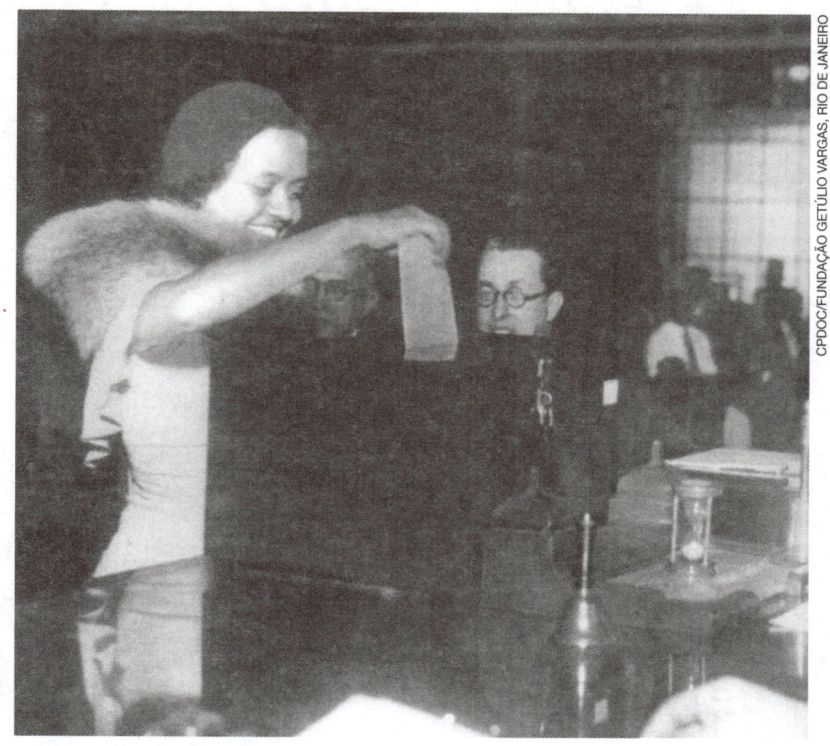

Desde o final do século XIX, debatia-se o direito ao voto das mulheres no Brasil, porém somente em 1932 as mulheres puderam votar no país.

Foi apenas em 1988, com uma nova Constituição, que a cidadania foi estendida a todos os brasileiros. O direito à educação foi garantido como prioridade e os analfabetos tiveram o direito ao voto. Os estrangeiros que moram no país também passaram a ter direitos e a Constituição brasileira foi considerada uma das mais avançadas em termos de direitos e deveres.

7 Qual é a importância da Declaração dos Direitos do Homem e do Cidadão e do processo da Revolução Francesa para a noção de cidadania atual?

___

> Compreender que todos somos iguais e merecemos os mesmos direitos é o primeiro passo para desenvolver o **respeito ao próximo**.

8 Reúna-se em grupo com os colegas e conversem sobre a seguinte questão: o que vocês entendem por cidadania?

O que você aprendeu

- O aumento da produção de alimentos, a especialização do trabalho e a ampliação do comércio favoreceram a formação das primeiras cidades na região da Mesopotâmia e do Egito.
- A concentração de população e a expansão das cidades provocaram mudanças na organização social. Foram criados sistemas administrativos e jurídicos para organizar a vida nas cidades.
- A invenção da escrita auxiliou a administração da vida pública e comercial.
- As trocas comerciais favoreceram intercâmbios culturais e a formação de dialetos e novas línguas.
- A definição de cidadania se transformou ao longo do tempo. As pressões sociais levaram à conquista de direitos por diversos grupos e povos.

1 Relacione cada cidade às suas características principais.

a) Çatal Hüyük. ☐ Maior cidade autônoma da Mesopotâmia. Era dividida em bairros religiosos, administrativos, residenciais e de artesãos.

b) Uruk. ☐ Antiga cidade tolteca localizada na região que hoje corresponde ao México. A cidade foi capital do Império Tolteca na América Central há cerca de 1.200 anos.

c) Persépolis. ☐ Núcleo populacional neolítico em que se conciliavam os trabalhos no campo, a caça e a coleta de frutos.

d) Tula. ☐ Uma das principais cidades do Império Persa em que ocorriam cerimônias e festividades.

e) Roma. ☐ Localizada na região que hoje corresponde à Grécia, as decisões nessa cidade eram tomadas por meio de assembleias e votações.

f) Atenas. ☐ Esta cidade era o centro de uma sociedade antiga dividida entre plebeus e patrícios. Está localizada na região que hoje corresponde à Itália.

2 Explique quais fatores influenciaram a formação das primeiras cidades.

_____
_____
_____
_____
_____

3 As imagens abaixo retratam o núcleo populacional de Çatal Hüyük, que fica na atual Turquia. Com base nas imagens e no que você aprendeu, responda às questões a seguir.

Ruínas da cidade de Çatal Hüyük, Turquia, 2009.

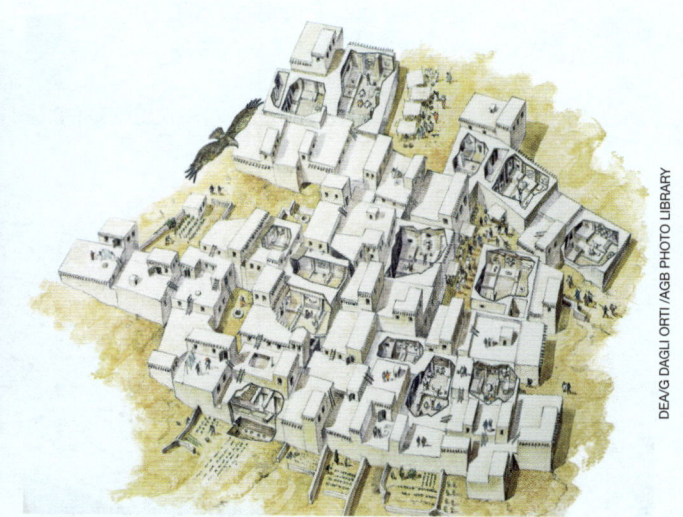

Ilustração atual da antiga cidade de Çatal Hüyük, Turquia.

a) Como era a arquitetura desse núcleo de população?

_____
_____
_____
_____

b) Compare a arquitetura desse local com a da cidade em que você vive. Quais são as permanências e as mudanças em relação ao espaço físico das cidades e à construção das casas?

_____
_____
_____

4 Observe as imagens a seguir e responda às questões.

Pintura em parede representando egípcios arando e semeando. Região de Tebas, Egito, cerca de 3.200 anos atrás.

Colheita de couve-manteiga. Município de Ibiúna, estado de São Paulo, 2017.

a) O que as duas imagens representam?

_____

b) Qual a importância dessa atividade para a vida nas cidades?

_____
_____
_____

5 Como o espaço geográfico influencia na criação de dialetos? Dê exemplos de línguas que derivam de outras.

_____
_____
_____

6 Relacione as colunas abaixo associando os regimes políticos às características de cada um deles.

a) Oligarquia. ☐ Forma de governo em que os cidadãos participam das decisões políticas.

b) Monarquia. ☐ Forma de governo em que um pequeno número de pessoas controla o poder.

c) Democracia. ☐ Forma de governo em que o poder é centralizado em um rei ou imperador.

7 Leia o texto a seguir e responda às questões.

O que é ser cidadão?

Cidadania não é uma definição estanque, mas um conceito histórico, o que significa que seu sentido varia no tempo e no espaço [...]. Exercer a cidadania plena é ter direitos civis, políticos e sociais.

A cidadania instaura-se a partir dos processos de lutas que culminaram na Independência dos Estados Unidos [...] e na Revolução Francesa. Esses dois eventos romperam o princípio [...] baseado nos deveres dos súditos, e passaram a estruturá-lo a partir dos direitos do cidadão. Desse momento em diante todos os tipos de luta foram travados para que se ampliassem o conceito e a prática de cidadania [...]. Nesse sentido pode-se afirmar que, na sua acepção mais ampla, cidadania é a expressão concreta do exercício da democracia.

Estanque: estagnado, que não muda.

Instaurar: dar início, começar, criar.

Súdito: submetido ou dominado pela vontade de um rei ou imperador.

Acepção: os sentidos de uma palavra.

PINSKY, Jaime. In: PINSKY, Carla Bassanezi; PINSKY, Jaime (Org.). *História da cidadania*. São Paulo: Contexto, 2013. p. 9-10.

a) Segundo o texto, a definição de cidadania manteve-se sempre a mesma? Explique.

___

b) No Brasil durante o século XIX e início do século XX, o direito ao voto estendia-se a todas as pessoas? Explique.

___

c) Pesquise em livros e *sites* e indique três movimentos de luta por direitos e ampliação da cidadania. Escreva em seu caderno um pequeno texto sobre eles.

Atividade divertida

Você prestou atenção nas cidades antigas que conheceu nesta unidade? Chegou a hora de desafiar seus conhecimentos no jogo **Qual é a cidade?**

Ur
1. Uma das mais antigas cidades autônomas da Mesopotâmia.
2. Foi fundada pelos sumérios.
3. Nela há um zigurate, um templo em forma de pirâmide, com escadas.

1 Forme um círculo com mais três colegas da turma para jogar. Separe as cartas que estão na página 145 no final do livro, embaralhe-as e entregue uma para cada jogador, que não pode ver a própria carta.

2 Depois, cada jogador mostra sua carta a todos os outros sem olhá-la. O objetivo do jogo é adivinhar qual é a cidade da própria carta.

3 Em cada carta estão descritas algumas características e informações sobre uma cidade antiga. Vocês devem decidir quem começará a brincadeira.

4

ESTA CIDADE É UMA DAS MAIS ANTIGAS DA MESOPOTÂMIA?

SIM!

5

CIDADE DE UR.

SIM!!!

4
Para adivinhar, cada jogador, na sua vez, terá de elaborar uma pergunta, a que todos os outros devem responder dizendo apenas "sim", "não" e "não sei". Eles podem consultar as informações das cartas para responder.

5
Os jogadores têm três chances para descobrir qual é a cidade. Se não acertarem, saem do jogo. Quando um dos dois (e últimos) jogadores descobrir qual é a cidade de sua carta, ele será o vencedor e o jogo termina.

UNIDADE 3

A vida na Antiguidade

Vista da Acrópole de Atenas, Grécia, 2014. A Acrópole era a parte mais alta da antiga cidade de Atenas. Esse local era um complexo arquitetônico que funcionava como fortificação militar, centro político e religioso. O Partenon (à direita) foi um templo construído em homenagem à deusa Atena.

Vamos conversar

1. Você já viu imagens desse local em outros livros ou em filmes?
2. Por que ele era considerado importante na Antiguidade?
3. Por que é importante preservar essas construções?

CAPÍTULO 1. Cultura e religião

A religiosidade era um aspecto muito importante do cotidiano dos primeiros grupos humanos. Eles acreditavam que fenômenos como nascimentos, mortes e mudanças climáticas eram controlados por forças sobrenaturais. Segundo essas crenças, as divindades podiam habitar as árvores, os rios e as rochas e exerciam influência na vida das pessoas. As forças da natureza eram consideradas divindades e, por isso, havia ritos e cultos à natureza.

Quando os seres humanos começaram a domesticar os animais e a praticar a agricultura, surgiram, também, cultos em agradecimento à fertilidade da terra que envolviam música, dança e práticas consideradas mágicas.

> **Rito:** conjunto das cerimônias que usualmente se praticam numa religião.

Religiões na Antiguidade: Mesopotâmia, Egito e Grécia

Os mesopotâmicos eram **politeístas**, ou seja, cultuavam vários deuses; um dos mais cultuados era Enki, deus da água doce, considerado também o deus da sabedoria. Assim como outros povos da Antiguidade, os mesopotâmicos construíram grandes templos, que representavam a morada dos deuses na Terra. Localizados em posição destacada na cidade, os templos recebiam todas as cerimônias religiosas.

Os egípcios também eram politeístas, seus deuses tinham formas humanas e de animais. Eles acreditavam na vida após a morte e, por isso, os ritos funerários eram muito importantes. Acreditava-se que a morte era uma passagem e que, depois dela, as almas iriam para um tribunal comandado por Osíris, deus do mundo dos mortos, no qual enfrentariam um julgamento.

Página do *Livro dos mortos*, produzido há cerca de 3.300 anos, representando um julgamento diante de Osíris (à direita). O deus Anúbis pesava o coração do morto em uma balança para saber se ele poderia seguir sua jornada no mundo dos mortos.

Os deuses gregos

Assim como outros povos da Antiguidade, os gregos acreditavam em vários deuses. Porém, os deuses gregos tinham características e comportamento semelhantes aos dos seres humanos, com as mesmas qualidades e defeitos. A diferença era que as divindades eram imortais, muito poderosas, e cada uma estava ligada a um aspecto da natureza ou da vida humana. Zeus, por exemplo, comandava o céu, Poseidon reinava sobre os mares, Artemis era a deusa da caça e Hades era o senhor do mundo dos mortos.

Multimídia
O teatro grego

Estátua de mármore que representa Poseidon. Feita há cerca de 4.000 anos.

1 Explique quais eram as crenças dos primeiros grupos humanos.

___
___
___

2 Em relação às crenças religiosas, os povos da antiga Mesopotâmia, do Egito e da Grécia eram:

☐ politeístas.   ☐ monoteístas.

- Justifique sua resposta.

___
___

3 Quantas religiões você conhece? Escreva os nomes dessas religiões e o que você sabe sobre seus ritos e tradições.

___
___
___
___

81

Religiões monoteístas do Oriente Médio

Havia povos antigos, como os hebreus, que tinham a crença na existência de um único deus e eram, portanto, **monoteístas**.

O judaísmo, o cristianismo e o islamismo são religiões monoteístas, ou seja, reconhecem uma única divindade.

Judaísmo

A religião dos hebreus, povo que viveu no Oriente Médio na Antiguidade, é a mais antiga crença monoteísta. Para o judaísmo, Abraão havia recebido uma revelação de um deus único, chamado Javé (ou Jeová). De acordo com a tradição judaica, obedecendo a uma ordem divina, Abraão teria guiado o povo hebreu da Mesopotâmia para Canaã, a Terra Prometida, território que hoje corresponde à Palestina.

A religiosidade judaica é fundamentada na *Torá*, livro sagrado do judaísmo que contém mandamentos que se referem a praticamente todos os aspectos da vida, como a família, o trabalho, a alimentação e as obrigações religiosas.

O rolo da *Torá* somente pode ser aberto e lido nas sinagogas (centros judaicos de culto e instrução). O texto em hebraico é lido da direita para a esquerda.

Cristianismo

Na tradição religiosa dos judeus, havia uma profecia sobre a vinda de um messias que salvaria a humanidade. Para os cristãos, Jesus Cristo seria essa figura enviada por Deus. Os primeiros cristãos no Oriente Médio expandiram suas pregações para praticamente toda a região do mar Mediterrâneo e, em 380, o cristianismo se tornou a religião oficial do Império Romano.

Trata-se de uma das religiões com maior número de adeptos no mundo, porém ela passou por inúmeras mudanças ao longo dos séculos e, hoje, há diferentes segmentos religiosos que acreditam em Jesus Cristo, mesmo tendo práticas e costumes distintos. O catolicismo e o protestantismo são duas das expressões do cristianismo que têm práticas e crenças diferentes.

A *Bíblia* é considerada um livro sagrado para diversas religiões cristãs. Ela é dividida entre o Novo e o Velho Testamento.

Islamismo

O islamismo surgiu há cerca de 1.400 anos. Também é uma importante religião monoteísta com seguidores em todo o mundo, especialmente no Oriente Médio, na África e em alguns países da Ásia e da Europa. A religião começou por volta do ano 610 com o profeta Maomé, que, de acordo com a crença islâmica, atendendo ao chamado do arcanjo Gabriel, recebeu revelações de Deus. Essas ações foram escritas no *Alcorão*, livro sagrado do islamismo que contém suas práticas e seus ensinamentos fundamentais.

O arcanjo Gabriel revela a Maomé a oitava sura, um dos capítulos do *Alcorão*. Pintura do manuscrito turco *Siyar-i-Nabi*, de 1594.

4 Quais são as principais religiões monoteístas? Assinale as alternativas corretas.

☐ Judaísmo.   ☐ Cristianismo.   ☐ Hinduísmo.

☐ Iorubá.   ☐ Islamismo.

5 Indique os pontos comuns entre judaísmo, islamismo e cristianismo.

_____
_____
_____

6 Preencha os quadros em branco com as letras correspondentes.

a) Maomé ☐ Livro sagrado para os judeus.

b) Cristianismo ☐ Profeta fundador do islamismo.

c) Judaísmo ☐ Sistema de crença que deu origem a religiões como a católica e a protestante.

d) *Torá* ☐ Uma das religiões mais antigas que tem como profeta Abraão.

Religiões milenares da Ásia e da África

Hinduísmo

O hinduísmo, uma das religiões mais antigas do Oriente, surgiu na Índia há mais de 3.000 anos. Sua filosofia religiosa está escrita em quatro livros chamados *Vedas* (palavra do sânscrito, língua antiga da Índia, que significa "livros do conhecimento"). Os *Vedas* reúnem um conjunto de hinos religiosos, preces e histórias sobre a natureza humana e a criação do Universo. O hinduísmo reverencia centenas de divindades, entre elas Brahma, Vishnu e Ganesha.

Estátua de bronze, encontrada no Nepal, representando Ganesha, deus hindu da sabedoria. Século XVI.

Budismo

Outra religião influente na Ásia, surgida na Antiguidade, é o budismo. Ela foi fundada por um príncipe chamado Siddhartha Gautama, que ficou conhecido como Buda, que, em sânscrito, significa "iluminado". A base da doutrina budista está no reconhecimento do sofrimento e em como superá-lo. Atualmente, o budismo tem forte presença na China, no Japão, na Coreia do Sul, no Sri-Lanka e na Tailândia.

Representação de Buda. Manuscrito encontrado na Tailândia. Século XVIII.

Religião dos povos iorubás

Na África existia uma grande diversidade religiosa na Antiguidade. Uma das religiões mais antigas do continente é a dos povos iorubás, que hoje ocupam regiões da Nigéria, do Benin, de Togo e de outros países.

Segundo a crença dos iorubás, existe um ser supremo, Olodumare ou Olorum, criador do universo e das divindades intermediárias entre ele e os seres humanos, chamadas orixás, entre as quais havia reis, guerreiros, caçadores e curandeiros, associados a elementos da natureza, como o fogo, a chuva, o mar e o vento.

O culto aos orixás foi trazido ao Brasil pelos africanos escravizados da cultura iorubá. O contato entre as tradições iorubás e aquelas encontradas no Brasil deu origem aos chamados cultos afro-brasileiros, como o candomblé. Festa de Iemanjá, município de Salvador, estado da Bahia, 2017.

7 O hinduísmo é uma das religiões mais antigas do mundo. Indique duas características dessa religião.

_____
_____
_____
_____

8 Qual é a base da doutrina budista? Explique.

_____
_____
_____
_____

9 Assinale a alternativa correta.

> Antes de responder, pense bem, não tenha pressa, exercite o **autocontrole**.

a) Religião milenar indiana.

☐ Budismo.   ☐ Hinduísmo.   ☐ Iorubá.

b) Nome do fundador do budismo.

☐ Siddhartha Gautama.   ☐ Jesus Cristo.   ☐ Moisés.

c) Livros sagrados do hinduísmo.

☐ *Torá*.   ☐ *Vedas*.   ☐ *Bíblia*.

d) Religião de culto aos orixás.

☐ Budismo.   ☐ Hinduísmo.   ☐ Iorubá.

e) Religião de culto a diversas divindades, entre elas Brahma.

☐ Hinduísmo.   ☐ Budismo.   ☐ Iorubá.

Para ler e escrever melhor

O texto a seguir permite uma reflexão sobre os **conceitos** de tolerância e intolerância religiosa para ajudar a compreender a importância de atitudes de respeito e aceitação do outro.

O respeito às religiões e a "tolerância" religiosa

No Brasil, assim como em diversos outros países, a sociedade é constituída por povos com diferentes vertentes religiosas. Algumas dessas religiões têm crenças, regras de conduta e até costumes em comum. Desde a Antiguidade, populações com diferentes religiões conviveram e mantiveram relações. Os egípcios e os povos da Mesopotâmia tinham crenças religiosas diferentes, assim como os persas e os indianos.

Porém, apesar de muitas religiões terem como fundamento o respeito ao próximo, a relação entre os grupos religiosos nem sempre é pacífica. Alguns deles acreditam que a sua crença é a única verdadeira e não aceitam ou não respeitam a fé, os cultos, as cerimônias e as práticas de outras religiões. Esse comportamento é chamado de intolerância religiosa. Um exemplo são os conflitos entre muçulmanos e judeus na Palestina.

Encontro de representantes das comunidades mulçumana, hindu, budista e cristã em prol da paz. Daca, Bangladesh, 2017.

Em seu 26º artigo, a *Declaração Universal dos Direitos Humanos*, adotada pela Organização das Nações Unidas (ONU) em 1948, coloca "a compreensão, a tolerância e a amizade entre todas as nações e grupos raciais ou religiosos" como um caminho para a manutenção da paz entre as nações. No Brasil, a Constituição de 1988 também assegura a liberdade de crença religiosa e a proteção aos cultos e práticas, isto é, defende a coexistência pacífica e o respeito às diferentes matrizes religiosas.

Coexistência: existir ou viver em um mesmo lugar.

Essas ações visam criar medidas que busquem a tolerância religiosa entre os povos. Mas o que é tolerar? Se consultarmos um dicionário veremos que o verbo "tolerar" está relacionado à ideia de "suportar algo" que não nos agrade. Isto é, o termo já pressupõe a "não aceitação" do outro. No entanto, convencionou-se utilizar a expressão "tolerância religiosa" com o significado de aceitar o outro e respeitar as diferenças de crença.

1 Que ideia ou conceito de intolerância religiosa é explicada no texto?

_____
_____

2 De acordo com o texto, o que significa tolerância religiosa? É totalmente correto usar esse conceito?

_____
_____
_____
_____

3 Escreva um pequeno texto sobre as atitudes que podemos tomar na escola ou em outros espaços que frequentamos e que possam contribuir para o respeito e a aceitação das diferentes religiões. Depois, elabore um conceito de tolerância de acordo com suas ideias.

_____
_____
_____
_____
_____
_____

CAPÍTULO 2. Patrimônio cultural dos povos antigos

A arte, a arquitetura, a literatura, a religião e as tradições compõem a expressão cultural de um povo, seu patrimônio cultural. As tradições orais, os saberes, as músicas, as danças e a forma de se alimentar fazem parte desse patrimônio como cultura imaterial de uma sociedade. A preservação dos patrimônios culturais ajuda a conservar a história e a memória das diferentes sociedades e a entender as transformações ao longo da história.

No Egito, as construções, as esculturas e as tumbas funerárias são expressões da arte e da arquitetura antigas e, portanto, patrimônios culturais materiais. As pinturas encontradas nas tumbas egípcias indicam que também a música e a dança estavam presentes nas casas e nos palácios egípcios, em banquetes e festas.

Pintura de cerca de 3.400 anos, encontrada na tumba do faraó Horemheb, retratando músicos. Vale dos Reis, Luxor, Egito.

Cultura e alimentação

A alimentação é uma parte importante da cultura de um povo. No Egito, a base alimentar era composta de produtos derivados do trigo, como pão e cerveja. Havia também ervilha, lentilha, verduras e frutas, como tâmara e melão.

Entre as populações antigas da Índia, o arroz, a cevada e a lentilha compunham a base da cultura alimentar. O uso de especiarias, como cravo, canela, cominho e gengibre, era comum e continua presente na culinária indiana. Há restrições em relação ao consumo de carne de acordo com algumas religiões. No hinduísmo, a vaca é considerada um animal sagrado e, por isso, seus seguidores não consomem sua carne. Além disso, grande parte da população praticava e ainda pratica a atividade milenar da ioga.

Você sabia?

Em meio ao oceano Pacífico existe uma ilha que foi denominada pelos colonizadores europeus Ilha de Páscoa. A ilha, hoje, pertence ao Chile, mas é território dos Rapa Nui, povo que ali chegou, vindo da Polinésia, por volta do ano 500. Os Rapa Nui têm sua própria língua e cultura e construíram diversas esculturas chamadas moais, que fazem parte de seu sítio arqueológico. Os moais são feitos de pedra; alguns chegam a medir mais de 10 metros de altura e todos estão de costas para o oceano Pacífico.

O Parque Nacional Rapa Nui, na Ilha de Páscoa, abriga vestígios da cultura material desse povo. Há um intenso debate sobre como os Rapa Nui deslocavam os moais, que são grandes e pesam toneladas.

1 Observe a imagem e responda à questão.

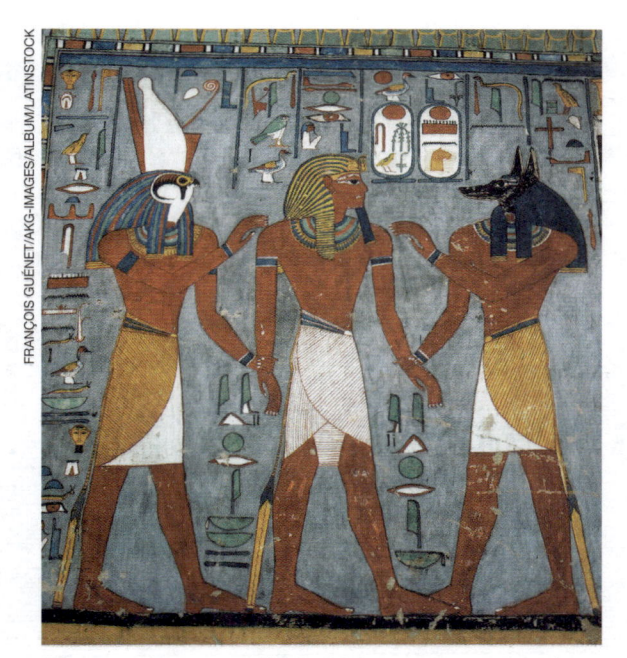

Pintura de cerca de 3.300 anos retratando o faraó Ramsés I entre os deuses Hórus (esquerda) e Anúbis (direita).

- Na sua opinião, a pintura egípcia pode ser considerada patrimônio cultural? Justifique sua resposta.

_____
_____
_____
_____
_____
_____
_____
_____

2 Nós herdamos muitos hábitos alimentares de outros povos. Quais alimentos comuns nas culturas egípcia e indiana também fazem parte do seu cotidiano?

_____
_____
_____

89

Trocas e heranças culturais

O estudo dos patrimônios culturais nos ajuda a entender como os povos se relacionavam entre si e como uma cultura pode ter influenciado outra. É o caso dos fenícios, por exemplo. Há mais de 3.000 anos eles estabeleceram relações com vários povos vizinhos por meio do comércio marítimo na região do mar Mediterrâneo. Apesar de terem desenvolvido um sistema de escrita, de arte e de arquitetura próprios, absorveram vários aspectos da cultura dos egípcios, povo com o qual realizavam comércio.

Outro exemplo de troca cultural ocorreu por causa dos macedônios. A Macedônia era um reino que fazia parte da Grécia. Há cerca de 2.300 anos, os macedônios dominaram a Grécia.

O Império macedônico, comandado pelo rei Alexandre, ampliou seus domínios e divulgou a cultura grega no Egito, na Pérsia e na Índia, entre outros.

O centro cultural do império era a cidade de Alexandria, às margens do mar Mediterrâneo, onde foi construída a maior biblioteca da Antiguidade e um grande farol para orientar as embarcações.

O farol de Alexandria era uma construção em pedra de mais de 120 metros de altura. Para orientar os barcos, durante o dia era usado um espelho que refletia a luz do Sol e, à noite, era acesa uma enorme tocha. Atualmente, restam apenas fragmentos submersos desse farol. *Farol de Alexandria*, gravura de F. Adler, 1901.

Legados culturais da Antiguidade

Nós também herdamos e incorporamos muitos aspectos culturais dos povos que viveram na Antiguidade. A concepção de democracia presente no Ocidente, por exemplo, tem sua origem na democracia ateniense, que era baseada na noção de cidadania e tinha como principal característica permitir a participação da população nas decisões políticas da pólis. A base do sistema de direito de muitos países do Ocidente, entre eles o Brasil, vem do complexo de leis romanas que regulamentavam os atos dos cidadãos e estrangeiros na Roma antiga.

3 Complete as lacunas com as palavras dos quadros abaixo.

| arquitetura | música | patrimônios |
| alimentação | culturais | história |

A preservação dos _____ é fundamental para a compreensão da _____ e de como ocorreram os intercâmbios _____ entre os vários povos ao longo do tempo. A _____ é uma expressão do patrimônio material. A _____ também faz parte da cultura de um povo, assim como as narrativas orais transmitidas de geração para geração, a dança e a _____, que são patrimônios imateriais.

4 Pesquise em livros, na internet ou converse com um adulto da sua família sobre as influências culturais que herdamos de outros povos e redija um pequeno texto.

_____
_____
_____
_____
_____
_____
_____

O mundo que queremos

Na África há importantes patrimônios mundiais, como o centro histórico da antiga cidade de Mbanza Kongo, em Angola. A história dessa cidade, que foi capital do Reino do Congo, também está conectada com a nossa história, pois a cultura brasileira teve influência de muitos aspectos da cultura dos povos bantos, que formaram esse reino.

Mbanza Kongo, em Angola, recebe título de Patrimônio Mundial da Unesco

Capital política e espiritual do antigo Reino do Congo [...], Mbanza Kongo representa a importância da tradição kongo e seus conflitos com a chegada dos portugueses e da religião católica na África Central, ao final do século XV.

Um reino que crescia e influenciava parte da África, no século XIII, representa uma civilização de riqueza cultural inestimável. Formado inicialmente por 144 tribos, esse império construiu a história e cultura de países como Angola, Congo, República Democrática do Congo e Gabão e de seus descendentes em todo o mundo.

Com o compromisso de pesquisar e compartilhar a história e os símbolos da cidade, o arqueólogo Bruno Pastre Máximo lançou um *site* baseado em uma vasta pesquisa de campo, onde ele ressalta aspectos religiosos e culturais da região.

"Na cidade, existem três lugares-chave: Kulumbimbi, Yala-Nkuwu e Ntotila. O Kulumbimbi é descrito pelas autoridades científicas angolanas como o vestígio material da primeira catedral construída na África subsaariana pelos portugueses", disse Bruno.

Vista das ruínas de Kulumbimbi (Catedral de São Salvador do Congo) em Mbanza Kongo, Angola, 2017.

"Para diversos grupos locais, no entanto, a ruína não é vista como de origem portuguesa, sendo um legado pré-colonial; ela é um símbolo do passado ancestral e um legado dos ancestrais. A árvore Yala-Nkuwu é uma ligação com a ancestralidade mediada pela lei e ordem. Diante dela, foram feitos muitos julgamentos. O Ntotila é o 'monarca' que governa o Reino do Kongo. [...]", acrescentou o pesquisador.

O reconhecimento do Mbanza-Kongo é positivo para o mundo porque estimula a pesquisa e reflexão sobre a história – comum a africanos, portugueses e brasileiros.

Foi do Reino do Congo de onde partiu a maioria dos africanos escravizados desembarcados nas Américas, foi de lá que saiu o primeiro embaixador africano enterrado no Vaticano, e também foi lá onde a primeira igreja católica (Kulumbimbi) da África subsaariana foi erguida.

ONU-Brasil. *Mbanza Kongo, em Angola, recebe título de Patrimônio Mundial da Unesco*. 10 jul. 2017. Disponível em: <http://mod.lk/mbanza>. Acesso em: 15 jun. 2018.

1 De acordo com o texto, o que a cidade de Mbanza Kongo representa para a tradição local?

_____
_____
_____

2 Qual é a importância dos vestígios da catedral, também chamada de Kulumbimbi, para a população local?

_____
_____
_____

3 Explique por que a preservação desse patrimônio africano também ajuda a entender nossa própria história.

_____
_____
_____
_____

CAPÍTULO 3

O cotidiano no mundo antigo

Na Antiguidade, as pessoas organizavam seu cotidiano entre as atividades domésticas, religiosas, de trabalho e de lazer. O papel desempenhado por homens e mulheres variava de acordo com cada sociedade.

Vida doméstica na Mesopotâmia

Além de espaço de convívio e de moradia, as casas na Mesopotâmia eram lugares de culto aos ancestrais. Havia espaços e objetos considerados sagrados. As mulheres das classes mais ricas recebiam um dote da família ao casar e quase nunca exerciam trabalhos fora de casa. As mulheres pobres exerciam trabalhos, como a produção artesanal com cerâmica e teares.

Miniatura de uma casa mesopotâmica produzida há cerca de 4.500 anos. Peça sumério-acadiana encontrada na Síria.

Vida doméstica no Egito antigo

No Egito antigo, as pessoas viviam em pequenas vilas. As casas eram simples e havia espaço de culto aos deuses. Algumas atividades essenciais à alimentação, como o preparo do pão e da cerveja, eram tarefas executadas por homens e mulheres. A caça era praticada pelos homens, e os jogos de tabuleiro eram uma atividade de lazer muito comum.

As mulheres, em geral, podiam exercer as mesmas profissões que os homens. Apesar de não ocuparem funções ligadas ao Estado, elas não sofriam restrições para aparecer em público e participar das cerimônias religiosas. As mulheres egípcias também administravam os bens familiares, podendo vender e comprar propriedades ou controlar o comércio.

Vida doméstica na Grécia antiga

Na Grécia antiga, as casas das famílias de grandes proprietários rurais tinham espaços comuns como o pátio interno, depósitos e dormitórios. Existiam também divisões entre os espaços destinados aos homens e às mulheres. O local destinado às atividades dos homens se chamava *ándron* e ali se reuniam para conversar, cantar e ouvir música. O local reservado às mulheres era o *gineceu* e ali faziam atividades como a tecelagem e a preparação de farinhas. Na Grécia antiga, as mulheres não tinham acesso à educação ou à atividade política; aquelas que participavam da vida pública o faziam por meio da religião, como sacerdotisas.

Detalhe da cerâmica grega produzida há cerca de 2.500 anos representando uma cena mitológica do rei Egeu de Atenas consultando uma sacerdotisa do Oráculo de Delfos.

1 Como era o cotidiano das mulheres na Antiguidade?

_____
_____
_____
_____

2 Leia as afirmativas e coloque **V** para verdadeiro e **F** para falso.

☐ Os jogos de tabuleiro eram uma atividade de lazer muito comum no Egito antigo.

☐ Na Mesopotâmia, as casas tinham espaços destinados ao culto aos ancestrais.

☐ Na Grécia antiga, as mulheres tinham acesso à educação e à vida política.

3 A vida cotidiana na Antiguidade é parecida com a organização do dia a dia atualmente? Converse com os colegas sobre as semelhanças e as diferenças.

O dia a dia das crianças na Antiguidade

A concepção de infância não foi a mesma ao longo do tempo. Entre os povos da Antiguidade, era comum que as crianças trabalhassem com seus pais nos campos ou nas atividades artesanais.

Educação e lazer na Mesopotâmia e no Egito antigo

Na Mesopotâmia, apenas alguns meninos sumérios frequentavam a Eduba, uma espécie de escola onde aprendiam o ofício da escrita. A formação demorava anos e, por isso, começava muito cedo. Os alunos tinham aula de astronomia, matemática e literatura. A disciplina era muito rígida e as jornadas diárias eram longas.

No Egito, as crianças ingressavam cedo no mundo do trabalho. Elas podiam aprender o ofício de seus pais ou tornar-se escribas.

Tabuleiro do jogo egípcio chamado Senet, de cerca de 3.600 anos.

Para se divertir, as crianças egípcias brincavam com bolas de couro, carrinhos, piões, bonecos e outros tipos de brinquedo. Em escavações arqueológicas foram encontrados vestígios de jogos feitos de madeira.

Meninas e meninos em Esparta e Atenas

Em Esparta, cidade da Grécia antiga, a concepção de infância estava ligada às obrigações cívicas. As crianças iam para a escola aos 7 anos. Os meninos deixavam a casa dos pais para receber uma educação voltada para a guerra. O treinamento era muito difícil e eles só voltavam para casa quando ingressavam na vida adulta. As meninas recebiam, desde a infância, um rigoroso treinamento físico e psicológico porque se esperava que elas se tornassem as mães dos guerreiros que no futuro serviriam à Esparta.

Professores e alunos de escola ateniense representados em vaso grego de cerca de 2.500 anos.

Em Atenas, os meninos de famílias mais ricas recebiam educação formal; eles aprendiam a ler, a escrever, a recitar poemas e até a cantar ou tocar um instrumento musical. As meninas, por sua vez, eram educadas para a vida doméstica e para a maternidade. Elas aprendiam a fiar, a tecer, a cozinhar e brincavam com bonecas.

4 Como era a vida das crianças nas cidades antigas?

_____
_____
_____

5 Observe a imagem e responda à questão.

- A imagem retrata crianças de que povo da Antiguidade? Cite uma característica do cotidiano dessas crianças.

_____
_____
_____

Pintura-mural de cerca de 3.000 anos representando o construtor Anhour Khaou com sua esposa e netos. Tebas, Egito.

6 A educação de meninos e meninas era diferente em duas cidades da Grécia antiga. Leia as afirmativas e assinale a resposta correta.

a) Os meninos eram educados para a guerra.

☐ Esparta.   ☐ Atenas.

b) Os meninos recebiam educação formal, aprendiam a ler e a escrever.

☐ Esparta.   ☐ Atenas.

c) As meninas eram educadas para a vida doméstica.

☐ Esparta.   ☐ Atenas.

d) As meninas recebiam treinamento físico e psicológico.

☐ Esparta.   ☐ Atenas.

7 Converse com os colegas sobre as principais diferenças entre o cotidiano das crianças no mundo antigo e o seu cotidiano.

Como as pessoas faziam para...

Mumificar os mortos

Os egípcios acreditavam na vida após a morte. Para eles, a vida era entendida como uma caminhada; quando o coração de uma pessoa parava de bater, esse percurso era interrompido e era preciso preparar o morto para que, após a morte, pudesse retomar o seu caminho. Por isso, o ritual da mumificação era uma das práticas funerárias mais importantes no Egito antigo. A preparação da múmia tinha como função purificar o corpo para a eternidade.

A técnica de mumificação variava de acordo com os recursos da pessoa. Esse processo gerou grande conhecimento sobre a anatomia humana e ajudou no desenvolvimento da medicina.

Sarcófago e múmia de cerca de 2.700 anos.

Primeiro, os sacerdotes lavavam o corpo do morto com água e essências aromáticas. Os órgãos internos eram removidos e guardados em vasilhas chamadas canopos.

O coração era considerado o elemento vital dos indivíduos e, por isso, era o único órgão que permanecia no corpo. Sobre o seu local exato se colocava um amuleto, em forma de escaravelho.

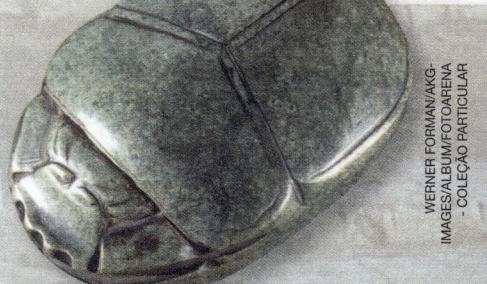

Escaravelho-coração feito de pedra, de cerca de 3.300 anos.

ILUSTRAÇÕES: ROKO

Depois, o corpo era coberto com bicarbonato de sódio, para secar e preservar o cadáver.

Passados sessenta dias, o corpo era preenchido com óleos e resinas, para perfumá-lo e conservá-lo.

Por fim, o corpo era envolvido em faixas de linho, com joias e amuletos para protegê-lo, e colocado no sarcófago, que podia ser simples ou ornado com ouro.

Poucos podiam arcar com as despesas para a mumificação. O corpo dos pobres era envolto em uma mortalha de linho e depositado nas areias do deserto.

Fonte: HERÓDOTO. *História* [II, 86]. Rio de Janeiro: Ediouro, s.d. p. 11.

1. Qual era a importância da mumificação dos mortos para os egípcios?

2. Como o processo de mumificação ajudou no desenvolvimento da medicina?

99

CAPÍTULO 4
Atividades econômicas e tecnologia na Antiguidade

A agricultura era uma das atividades mais importantes em diversas sociedades antigas. Na Mesopotâmia e no Egito, a presença de rios favorecia essa atividade econômica.

As cheias dos rios Tigre e Eufrates tinham de ser bem aproveitadas para a atividade agrícola. Por isso, os povos da Mesopotâmia desenvolveram sistemas de irrigação que eram controlados pelas comunidades camponesas. Elas cultivavam linho, lentilha, trigo, gergelim e cevada, além de legumes e hortaliças.

As pessoas se dedicavam também à criação de gado e ao artesanato. A população mais pobre prestava serviços como vaqueiros, carroceiros e pastores.

No Egito, a vida cotidiana girava em torno do rio Nilo. As cheias periódicas determinavam o trabalho dos camponeses, responsáveis pelo plantio e pela colheita de trigo, cevada, ervilha, lentilha, verduras, frutas e linho. Eles também cuidavam das criações de porcos, bois, carneiros, gansos e patos. Com o papiro, uma planta fibrosa que crescia às margens do rio, os egípcios produziam cestos, sandálias e uma espécie de papel que era utilizado para a escrita.

Detalhe de um relevo de cerca de 2.600 anos, representando o trabalho agrícola nas margens de um rio.

Cena de agricultura em pintura-mural de uma tumba, na antiga cidade egípcia de Tebas, há cerca de 3.400 anos.

1 Quais eram as principais atividades econômicas dos povos da Mesopotâmia e do Egito antigo?

_____

_____

Novas profissões

Havia outras importantes atividades econômicas no cotidiano das cidades antigas. Afinal, a construção e a manutenção da vida de uma cidade dependiam de vários profissionais, desde aqueles que produziam o pão, base da alimentação, até os que planejavam e construíam os grandes edifícios.

Nos centros urbanos da Mesopotâmia, havia uma grande variedade de profissionais, como artesãos, ferreiros, escribas e soldados, e com o desenvolvimento do comércio surgiu a figura do homem de negócios que emprestava dinheiro a juros, uma espécie de banqueiro da Antiguidade.

Com a expansão da economia, surgiram novas profissões, também, no Egito antigo. Algumas bastante curiosas, como a de passarinheiro, pessoa encarregada de caçar as aves no céu, e a de "carregador de sandálias", pessoa responsável por levar as sandálias do faraó e uma chaleira com água para lavar os seus pés.

Águia com cabeça de leão, peça suméria em ouro, cobre e lápis-lazúli, de cerca de 4.500 anos. Museu Nacional de Damasco, Síria.

De modo geral, nas cidades egípcias se encontrava a maior diversidade de profissões. Em algumas, como Gizé, predominavam os operários, que construíam as pirâmides; em outras, como Per Ramsés, concentravam-se joalheiros, sapateiros, oleiros, padeiros, artesãos, além de escribas e sacerdotes a serviço da família real.

Na Antiguidade, muitos artesãos se dedicavam à metalurgia, fazendo ferramentas e adereços de metal. As ferramentas eram simples, e boa parte da produção era feita à mão. No Egito, assim como na Mesopotâmia, centenas de trabalhadores se dedicavam à produção de colares, artefatos e armas feitas de ouro e bronze.

2 Além da agricultura, quais outras atividades eram essenciais para o funcionamento de cidades antigas?

3 Quais profissões comuns nas sociedades antigas não existem mais nos dias de hoje?

Ciência e tecnologia

Na Antiguidade, os povos desenvolveram vários conhecimentos médicos. Na Mesopotâmia havia tratamento à base de ervas para diversas doenças.

Os egípcios conheciam muito o corpo humano devido à prática da mumificação. Eles tinham escolas voltadas para o conhecimento da medicina chamadas Per-Ankh. Os remédios incluíam bebidas feitas à base de plantas e partes de animais. Contudo, eles acreditavam que algumas doenças eram enviadas pelos deuses e, por isso, misturavam algumas práticas consideradas mágicas ao tratamento médico. O conhecimento egípcio influenciou o desenvolvimento da medicina entre outros povos, como os gregos.

Busto de origem romana representando Hipócrates. Para esse pensador grego, um médico deveria rejeitar a magia, a indiscrição e a cobiça.

Na Grécia antiga, um dos pensadores que mais se destacaram no conhecimento sobre o corpo humano e as doenças foi Hipócrates (460-380 a.C.). Para ele, as causas de diversas doenças eram naturais e não sagradas ou mágicas, como acreditavam os curandeiros da época. Hipócrates baseava seus diagnósticos na observação dos sintomas, estabelecendo, com isso, um critério racional no tratamento das doenças.

Controle e aproveitamento dos rios

O conhecimento tecnológico foi fundamental para controlar inundações e criar sistemas de irrigação na Antiguidade. Na Mesopotâmia, o conhecimento da matemática possibilitou a construção de aquedutos para controlar o fluxo dos rios.

Os egípcios tinham noções sofisticadas de matemática e um sistema próprio de numeração. A civilização egípcia também desenvolveu complexos sistemas de irrigação, tornando a agricultura mais eficiente, e construiu barreiras e canais para o melhor aproveitamento das águas do rio Nilo.

Ilustração do século XVIII retratando sistema de coleta de água do rio Nilo desenvolvido na Antiguidade.

Tecnologia e comércio

Nas cidades portuárias havia construtores de barcos que produziam pequenas embarcações, feitas de papiro, usadas para a pesca. Algumas embarcações maiores eram feitas de cedro, obtidas nas trocas comerciais com outros povos, como os fenícios. Essa tecnologia facilitou o deslocamento por mar e o intercâmbio cultural e comercial entre os povos.

Audiovisual
Rotas comerciais fenícias

Pintura-mural de cerca de 3.400 anos encontrada em tumba retratando barco egípcio carregando pessoas capturadas na Núbia. Tebas, Egito.

4 Como era a medicina no Egito antigo?

_____
_____
_____

5 Como o desenvolvimento tecnológico auxiliou no modo de vida dos egípcios?

_____
_____
_____
_____

6 O nosso cotidiano também está repleto de objetos e produtos feitos com base no conhecimento científico e no desenvolvimento tecnológico. Cite dois exemplos presentes na Antiguidade e em nossos dias.

_____
_____
_____

A construção de pirâmides e templos

No Egito antigo, as pirâmides foram construídas para abrigar o corpo dos faraós e sacerdotes, considerados deuses e superiores aos homens comuns. A maior pirâmide, de Quéops, foi construída há cerca de 5.000 anos e tem 147 metros de altura.

Você já imaginou como as pirâmides egípcias foram construídas? Naquele período, a maioria das ferramentas que utilizamos hoje nas construções não existia. Também não havia materiais como concreto ou guindastes e caminhões que levassem o material pesado.

As pirâmides foram construídas com imensos blocos de pedra que pesavam toneladas. Eles eram carregados pelos escravos e servos em trenós feitos de madeira e arrastados pelo deserto. As construções levavam décadas para serem concluídas e envolviam milhares de trabalhadores.

Mas ainda não se sabe ao certo como as pirâmides foram erguidas. Algumas teorias afirmam que os blocos eram levados por meio de rampas de madeira e alavancados por cordas. O que se pode afirmar é que o conhecimento matemático e de engenharia foi muito importante para essas edificações.

Templos da Grécia antiga

Na Grécia, os templos eram considerados a moradia terrena dos deuses. Eles abrigavam a estátua do deus a que se dedicavam, mas não eram locais de culto, que eram feitos, em geral, em altares na parte de fora do edifício. Essas construções chamavam a atenção pela sua grandiosidade e pelo equilíbrio de suas formas.

O Partenon, em Atenas, é o mais famoso templo da Grécia. Foi construído em mármore no século V a.C. em homenagem a Atena, deusa da sabedoria, da justiça e das artes e protetora da cidade. Dentro dele havia uma estátua de 11 metros de altura da deusa grega.

Ruínas do Partenon, templo em homenagem à deusa Atena. Atenas, Grécia, 2017.

7 Leia as afirmativas e assinale **V** para verdadeiro e **F** para falso.

☐ As pirâmides foram construídas para abrigar mercados de camelos.

☐ Os templos construídos na Grécia antiga eram considerados a moradia dos deuses na Terra.

☐ No Egito antigo não havia nenhum sistema de irrigação; a água era trazida do mar Mediterrâneo.

☐ O templo Paternon foi construído em homenagem a Atena, deusa da sabedoria.

8 Observe a imagem e responda às questões.

Vista da esfinge de Gizé e da pirâmide de Quéfren, no Egito, 2016. A esfinge também desperta a curiosidade sobre sua construção. Ela mede mais de 70 metros de comprimento, 20 metros de altura e é feita de pedra calcária.

- De que material foram feitas as pirâmides egípcias?
  _____
  _____

- Como as pirâmides foram construídas?
  _____
  _____
  _____
  _____

O que você aprendeu

- Desde a constituição dos primeiros grupos humanos, existem diferentes sistemas de crenças religiosas. Por isso, é importante entendermos e respeitarmos os diferentes credos.
- Existem várias religiões no mundo. Algumas têm a mesma base de crença, com ritos comuns.
- As sociedades, ao longo do tempo, construíram diversos saberes. A esse conjunto chamamos de patrimônio cultural.
- Na Antiguidade, o cotidiano era organizado entre atividades domésticas, religiosas, de trabalho e de lazer.
- Os povos da Antiguidade tinham conhecimentos matemáticos e de medicina.

1 Classifique os itens de acordo com a legenda abaixo.

- **1** Hinduísmo
- **2** Budismo
- **3** Cristianismo
- **4** Judaísmo
- **5** Islamismo

a) ☐ Brahma, Vishnu e Ganesha são deuses dessa religião.

b) ☐ Os seguidores dessa religião consideram Jesus Cristo o messias enviado por Deus.

c) ☐ A base da doutrina dessa religião está no reconhecimento do sofrimento e em como superá-lo.

d) ☐ Religião que surgiu por volta do ano de 610, com o profeta Maomé.

e) ☐ A *Bíblia* é o livro sagrado dessa religião.

f) ☐ A *Torá* é o livro sagrado dessa religião.

g) ☐ Religião fundada por um príncipe chamado Siddartha Gautama.

h) ☐ O *Alcorão* é o livro sagrado dessa religião.

2 Leia o texto abaixo e responda às questões.

Como se tornar escriba?

Aos dez anos, algumas crianças vão para a escola, para aprender a ler, escrever e contar. Somente os meninos têm esse direito. As meninas são analfabetas.

[...] Pela manhã, o mestre escuta seus alunos que recitam, em coro, longos textos. Todo dia ele dá exercícios de cópia e de aritmética e um ditado. O mestre é temido por todos. Instruídos com rigor, os alunos ficam na escola quatro anos aproximadamente. Depois, para completar sua formação, vão para o aperfeiçoamento.

Os alunos usam pequenas tábuas: uma lasca de sicômoro coberta por uma fina camada de gesso. Escrevem com pontas de caniço e usam duas pastilhas de tinta preta e vermelha. [...]

Depois, o aluno aprenderá a escrever em um caco de louça, em uma superfície áspera, em uma lasca de calcário, e – enfim o grande dia! – em um pedaço de papiro.

KOENIG, Viviane. *Às margens do Nilo, os egípcios*. São Paulo: Augustus, 1992. p. 34-35.

Sicômoro: madeira da figueira.

Caniço: tipo de cana.

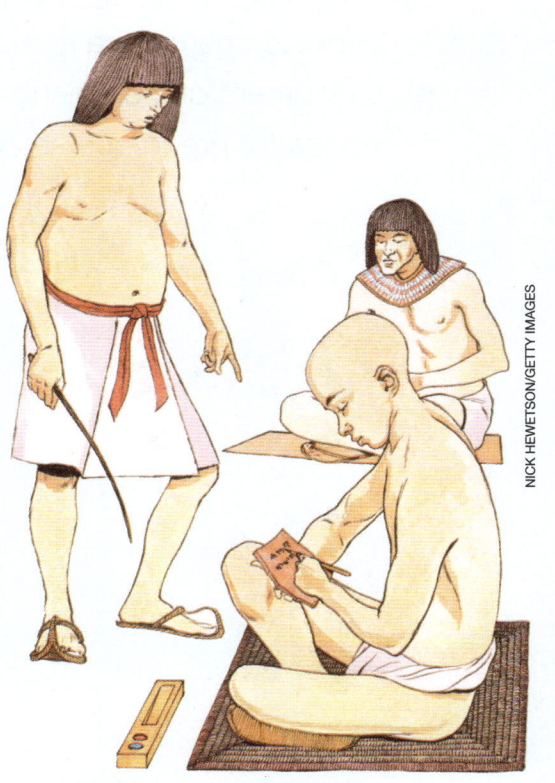

Ilustração representando um menino aprendendo a escrever no Egito antigo.

a) Com que idade os alunos começavam a aprender a ler e a escrever?
___

b) Como os alunos treinavam a escrita?
___

c) Como era o material utilizado durante a aprendizagem da escrita?
___

3 Preencha a cruzadinha de acordo com as afirmações a seguir.

a) Prática egípcia que contribuiu para o conhecimento da medicina.
b) Escola suméria na qual os meninos aprendiam matemática e astronomia.
c) Prática milenar na Índia.
d) Foram comerciantes marítimos na região do mar Mediterrâneo e absorveram aspectos da cultura egípcia.
e) Cidade em que os meninos eram treinados desde os sete anos para a guerra.
f) Pensador grego que se destacou pelo conhecimento do corpo humano.

4 Observe a imagem e responda: qual é a profissão retratada na pintura?

Detalhe de pintura egípcia de cerca de 3.500 anos encontrada na tumba de Nakht. Tebas, Egito.

5 Crie uma personagem que viveu em uma cidade da Antiguidade, há milhares de anos. Elabore uma história em quadrinhos contando sobre um dia da vida dela ou um acontecimento importante. Você pode descrever sua moradia, alimentação, profissão e formas de lazer. Use lápis de cor para colorir e faça balões para as falas das personagens.

> Divirta-se inventando uma personagem da Antiguidade e use sua **criatividade** para elaborar uma história sobre ela.

Atividade divertida

Chegou a hora de testar seus conhecimentos no Desafio da História! A turma deve ser dividida em dois times, que terão de adivinhar, por meio de mímica ou de desenho, qual povo da Antiguidade está sendo representado.

O time que começar a brincadeira manda seu primeiro representante para a frente da sala. O professor escolhe o tema da mímica com base em um dos capítulos da unidade e o revela apenas para o representante selecionado.

O time do representante pode escolher se quer adivinhar por meio de desenho ou mímica. O aluno escolhido não pode falar nada, apenas desenhar ou fazer gestos sobre o tema. O time terá apenas uma tentativa de acertar a resposta. Se errar, passa a vez para o time adversário. Caso também não acerte, o time do representante terá mais uma chance de responder. O representante pode fazer sinais de "positivo", "negativo" e "mais ou menos" para cada resposta.

Toda vez que acertar uma pergunta, o time ganha um ponto. Quem fizer mais pontos ganha o jogo!

Fenícios!

UNIDADE

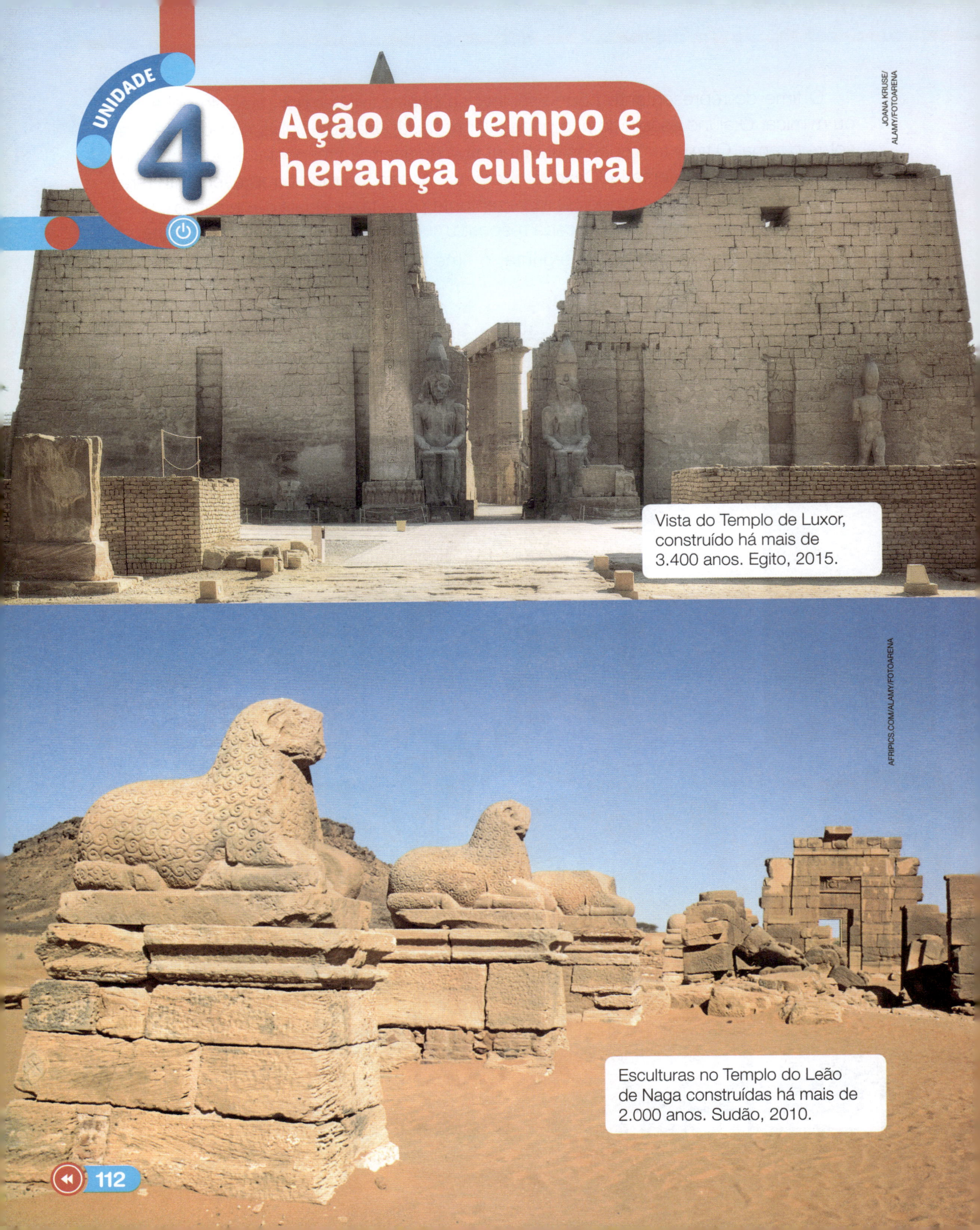

4 Ação do tempo e herança cultural

Vista do Templo de Luxor, construído há mais de 3.400 anos. Egito, 2015.

Esculturas no Templo do Leão de Naga construídas há mais de 2.000 anos. Sudão, 2010.

Vamos conversar

1. Esses lugares ainda são importantes atualmente? Por quê?

Vista da cidade velha de Jerusalém (que começou a ser construída há cerca de 6.000 anos) e do Muro das Lamentações (parte de templo que foi destruído há cerca de 2.000 anos). Israel, 2012.

Ruínas do Teatro de Dionísio, construído há cerca de 2.500 anos. Atenas, Grécia, 2011.

CAPÍTULO 1 — A humanidade e o tempo

O registro e a percepção da passagem do tempo

Um dos primeiros instrumentos para a medição do tempo foi o relógio de sol, provavelmente criado pelos egípcios há mais de 4.000 anos. Mais tarde, os seres humanos criaram outros tipos de relógio, como a ampulheta e o relógio de água. Essas invenções para medir a passagem do tempo reduziram a necessidade de observação da natureza para marcar as horas, por exemplo. Consultamos o relógio várias vezes para organizarmos a vida e cada uma de nossas atividades cotidianas.

Antes da utilização dos relógios, a quantidade de horas trabalhadas no campo, por exemplo, era determinada pelo nascer e pelo pôr do sol.

A percepção pessoal da passagem do tempo pode fazer uma hora parecer mais lenta ou mais acelerada, dependendo da atividade que esteja realizando. Quando estamos nos divertindo, por exemplo, o tempo parece passar mais rapidamente do que quando estamos fazendo algo de que não gostamos. Isso não faz com que uma hora dure mais ou menos, mas mostra que nem sempre percebemos a passagem do tempo da mesma forma.

Essa forma de perceber o tempo (de que pode passar muito depressa) levou a humanidade a aprimorar a consciência de que faz parte da História – mesmo que seja por apenas algumas décadas – e, por isso, quis deixar registros de suas ações para que elas não fossem esquecidas pelas gerações futuras.

1 De que maneira você percebe a passagem do tempo em seu cotidiano?

_____
_____
_____
_____
_____

2 O relógio de sol é uma das maneiras mais antigas que conhecemos para medir o tempo. Em grupo, sigam as instruções para produzir um relógio de sol.

- Vocês vão precisar de um prato de papel, um canudo (ou vareta), canetas hidrocor, régua, lápis, tachas ou alfinetes, uma base para apoiar o relógio (caixa de papelão ou placa de *isopor*) e um relógio para conferir as horas.

- Coloquem o prato virado para baixo sobre a base escolhida e prendam-no com tachas ou alfinetes. Com o lápis, façam um furo no centro do prato, encaixando nele o canudo (ou a vareta).

O relógio de sol utiliza a sombra de uma vareta fixada no centro de um disco para registrar o movimento aparente do Sol. Namíbia, 2017.

- Façam uma marca na borda do prato. Depois, com a régua, desenhem uma linha do centro do prato até a marca. Escolham um local que receba a luz do Sol durante todo o dia e instalem ali o relógio.

- Disponham o prato de forma que a sombra do canudo ou da vareta coincida com o risco que vocês fizeram. Acompanhem o movimento da sombra no prato guiando-se por um relógio. A cada hora, façam uma marca sobre a sombra no prato e anotem o horário. Façam isso até completar todo o ciclo. Ao final, pintem e decorem o relógio de sol.

Calendários na Antiguidade

Muitas sociedades antigas construíram seus próprios calendários com base nos ciclos solares ou lunares, para organizar a passagem do tempo. Alguns desses povos observavam os astros como uma forma de perceber outros ciclos temporais, como as estações do ano, e assim nasceu a astronomia, ciência que estuda os corpos celestes no espaço e no tempo.

Formas de medir o tempo: sumérios, egípcios e maias

A observação da natureza e o desenvolvimento da astronomia foram muito importantes para o estabelecimento dos calendários. Os sumérios, que habitavam a região da Mesopotâmia, estabeleceram um sistema de medição do tempo dividido em 12 meses, com base nos ciclos **lunares**.

Os egípcios desenvolveram seu primeiro calendário **solar** há cerca de 5.000 anos. Ele foi criado de acordo com a observação do nascer e do pôr do sol e dos ciclos de cheias e secas dos rios. Para os egípcios, que dependiam da água do rio Nilo para produzir alimentos, era muito importante saber o momento certo de preparar o solo e fazer o plantio e a melhor época para a colheita. Desenvolver um calendário com o qual fosse possível entender os ciclos da natureza permitiu que os egípcios controlassem a produção de grãos e de frutas.

Os povos que viviam no continente americano também elaboraram diversos calendários. Entre eles, os maias criaram (há cerca de 2.600 anos) um calendário fundamentado nas fases da Lua: um ano era dividido em 18 meses, e cada mês tinha 20 dias. No final do ano eram somados 5 dias, totalizando 365 dias.

Observatório astronômico "O caracol", da civilização maia, construído há cerca de 1.100 anos. Yucatán, México, 2015.

3 Observe a imagem e responda à questão.

Campos de cultivo próximos ao rio Nilo, onde ficava parte do Egito antigo. Hoje, a região é compartilhada pelo Sudão e pelo Egito, 2016.

- Como a observação da natureza contribuiu para a criação dos calendários pelos egípcios?

_____
_____
_____
_____

4 Leia o texto e responda às questões.

A medida do tempo

Outro acontecimento cíclico [...] era o ciclo da Lua, cujas fases – nova, crescente, cheia e minguante – se repetem a cada 29 dias [...]. Para medir a passagem do tempo ao longo do ciclo solar, ou seja, ao longo do ano, os egípcios utilizavam os ciclos da Lua, arredondados para 30 dias. Assim, foi criado o mês. Um ciclo do Sol contém aproximadamente 12 ciclos da Lua, surgindo daí o ano de 12 meses. [...] Essa contagem apresentava um erro de 5 dias por ano [...].

CHIQUETTO, Marcos José. *Breve história da medida do tempo*.
São Paulo: Scipione, 1996. p. 22-23.

- Segundo o texto, que ciclos da natureza os egípcios observavam para medir o tempo?

_____
_____

Tempo e História

Todo ser humano traz ideias, percepções de mundo, de cultura e de modo de vida de acordo com as experiências que tem no decorrer de sua vida. Durante esse tempo as pessoas podem modificar a realidade em que vivem, mas não são capazes de viver o futuro ou de resgatar e reviver o passado. Por isso, pode-se afirmar que a História estuda o ser humano no tempo vivido por ele.

O tempo é um tema essencial de todas as culturas e sua contínua passagem estimulou reflexões de pensadores, filósofos e historiadores.

- O filósofo grego Heráclito, por exemplo, refletiu sobre o tempo a partir da metáfora do rio. Atribui-se a ele a ideia de que uma pessoa nunca consegue se banhar mais de uma vez em um mesmo rio, pois as águas se renovam e estão em movimento, sendo sempre um rio diferente. Isso resumiria a noção de que nada se repete da mesma forma, pois o tempo seria como um rio que passa, em constante transformação.

- Segundo Heródoto, historiador grego que viveu há 2.600 anos, conhecer o passado ajudaria a compreender o presente e a imaginar o futuro.

- Para o historiador ateniense Tucídides, que também viveu há cerca de 2.600 anos, a História serviria para observar os acertos e os erros do passado, ajudando a não repeti-los.

Pessoas se banhando no Rio Curriola, na comunidade quilombola Kalunga do Vão do Moleque. Município de Cavalcante, estado de Goiás, 2015.

Você sabia?

Na mitologia grega, Cronos e Kairós são deuses cujas histórias estão relacionadas ao tempo. Cronos era o senhor do tempo, aquele que tudo devora. Kairós era representado como um ser que tinha cabelos apenas nas laterais da cabeça e, por isso, não podia ser segurado ou retido, simbolizando o tempo que não para.

O tempo revela a verdade, de Giovanni Domenico Cerrino, 1751. Nessa tela, Cronos, o deus do tempo, revela para uma jovem o que acontecerá com ela depois da passagem do tempo.

5 Explique como o filósofo Heráclito resumia a ideia de passagem do tempo.

_____
_____
_____
_____
_____

6 Às vezes, temos a impressão de que o tempo pode passar mais rápido ou mais devagar. Faça uma lista com três atividades que, quando realizadas, fazem o tempo parecer passar mais depressa. Por que isso aconteceria? Escreva um pequeno texto sobre as suas conclusões.

_____
_____
_____
_____
_____

Hora da leitura

- *Pequena história do tempo*, de Sylvie Baussier, Edições SM.

Para ler e escrever melhor

Os textos a seguir apresentam dois pontos de vista sobre os vestígios do passado. **Compare** as opiniões do filósofo francês Denis Diderot, do século XVIII, com as da historiadora Françoise Choay, dos dias de hoje.

Os vestígios e a ação do tempo

As ideias que as ruínas despertam em mim são grandes. Tudo se aniquila, tudo perece, tudo passa. Somente o mundo permanece. Somente o tempo dura. Como o mundo é velho! [...] Que é minha existência efêmera, comparada com a deste rochedo que cai, deste vale que se aprofunda, desta floresta que vacila, destas massas suspensas acima de minha cabeça e que me abalam?

Denis Diderot (1713-1784). Citado em: STAROBINSKI, Jean. *As máscaras da civilização*. São Paulo: Companhia das Letras, 2001. p. 203.

O castelo fortificado reduzido a muralhas, a igreja gótica da qual resta apenas o esqueleto revelam, mais do que se estivessem intactos, o poder fundador que os mandou construir; mas os musgos corrosivos, as ervas daninhas que desmantelam os telhados e arrancam as pedras das muralhas [...] lembram que a destruição e a morte são o término desses maravilhosos inícios.

CHOAY, Françoise. *A alegoria do patrimônio*. São Paulo: Estação Liberdade, 2001. p. 133.

> **Perecer:** acabar, ter um fim.
> **Efêmero:** que é temporário, provisório.
> **Gótico:** estilo artístico comum na Europa no período medieval.
> **Intacto:** inteiro.
> **Corrosivo:** que corrói, destrói.
> **Desmantelar:** desmontar, desfazer.

Vista das ruínas do Templo dos Obeliscos, construído há cerca de 3.600 anos, na cidade fenícia de Biblos. Líbano, 2009.

1. Assinale a palavra que melhor descreve o sentimento expresso pelo filósofo Denis Diderot no primeiro texto.

a) ☐ Tristeza.   c) ☐ Paixão.

b) ☐ Alegria.   d) ☐ Vergonha.

2. O que são as ruínas a que o autor do primeiro texto se refere? Por que ele teria esse sentimento diante delas?

_____
_____
_____
_____

3. Que elementos da natureza são usados no segundo texto para indicar a passagem do tempo sobre o castelo e a igreja?

_____
_____
_____
_____

4. Escreva um pequeno texto comparando os elementos que são comuns aos textos de Denis Diderot e de Françoise Choay.

_____
_____
_____
_____
_____
_____
_____

CAPÍTULO 2

Investigação histórica

Multimídia
Arqueologia do futuro

A análise de fontes históricas

As fontes históricas utilizadas para investigar o passado e compor a escrita da História são classificadas em materiais e imateriais, mas existem também outras formas de considerá-las. Por exemplo, as leis e os tratados que foram produzidos por órgãos oficiais, como cartórios, secretarias de Estado, prefeituras, presidência da República, entre outros, são chamados de **documentos oficiais**. Eles apresentam as informações do ponto de vista de quem estava no poder no momento em que foram publicadas.

Há também **documentos não oficiais**, que são assim considerados porque expressam pontos de vista de pessoas comuns, que não faziam parte dos núcleos de poder. Os documentos não oficiais são, por exemplo, os jornais, as esculturas, as pinturas, as construções arquitetônicas, a música, o cinema, as cartas, os mapas e os livros de qualquer gênero.

O passado também pode ser estudado por meio da análise dos **vestígios arqueológicos**, objetos que foram produzidos por grupos humanos que permaneceram em determinados locais chamados de **sítios arqueológicos**.

Tigela de faiança fina com decoração floral pintada a mão
Sítio Morrinhos

Xícara
Sítio Morrinhos

Fragmentos de objetos do acervo do Centro de Arqueologia de São Paulo, município de São Paulo, estado de São Paulo, 2010. Essas peças foram encontradas no Sítio Morrinhos, uma casa bandeirista, e revelam diferentes aspectos do cotidiano vivido na sociedade colonial paulista.

Ao analisar uma foto antiga, é possível notar que, em outros tempos, alguns elementos do cotidiano eram diferentes dos atuais. As roupas, a postura das pessoas, as técnicas usadas para fotografar e até mesmo as relações familiares podem ser semelhantes ou distintas das atuais. Todos esses elementos podem ser analisados em uma pesquisa histórica e possibilitam a descoberta de informações sobre as formas de viver do passado.

1. Com base na observação do retrato de família tirado nos anos 1940, extraia algumas informações, como a situação econômico-social, a composição familiar etc.

> Não responda a primeira coisa que vier à cabeça, **controle sua impulsividade** e tente entender melhor quem são essas pessoas retratadas na foto.

Família fotografada nos anos 1940, município de Diamantina, estado de Minas Gerais.

_____
_____
_____
_____
_____
_____

2. Explique o que são documentos oficiais e não oficiais. Dê exemplos.

_____
_____
_____
_____
_____

Algumas técnicas de investigação

Historiadores e arqueólogos trabalham a partir de fragmentos diversos para estudar vestígios do passado e suas relações com o presente. Eles buscam pistas de outros tempos e, ao encontrá-las, procuram estabelecer relações com diversos campos de conhecimento.

Para fazer suas pesquisas, esses profissionais consultam **arquivos** e **bibliotecas**. Se a pesquisa é feita em jornais e revistas, o historiador pode frequentar uma **hemeroteca**, local em que esses materiais são arquivados. Nos arquivos, os pesquisadores consultam **fundos documentais** que reúnem coleções de documentos que têm uma origem comum. É preciso também aprender a interpretar imagens, pois os documentos muitas vezes são fotografias ou obras de arte. Essa habilidade chama-se **leitura iconográfica**. As fontes pesquisadas também podem ser **manuscritas** (feitas à mão) ou **impressas**.

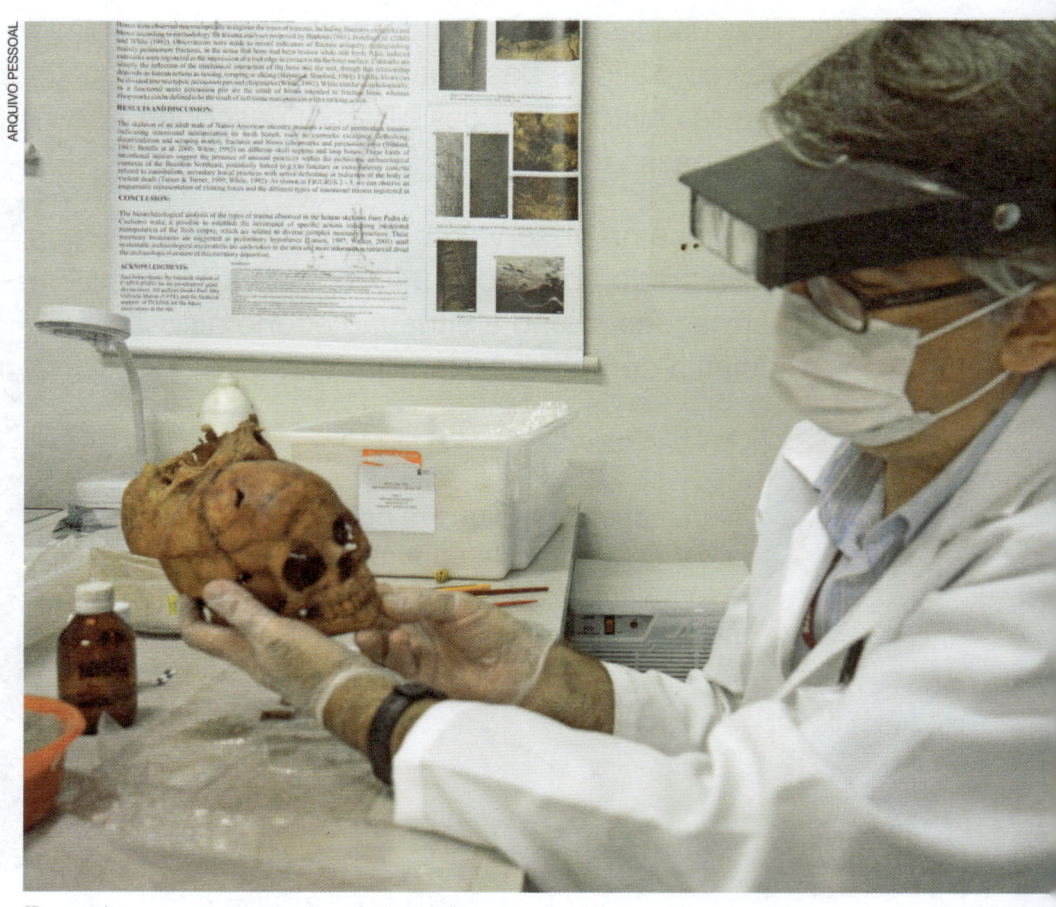

Pesquisas recentes usam fotografias produzidas em escavações para propor catalogações de vestígios arqueológicos, trabalho que é desenvolvido, por exemplo, pelo arqueólogo Sergio Monteiro, professor da Universidade Federal de Pernambuco, 2017.

Os arqueólogos também estudam sítios arqueológicos nas cidades, no campo e no fundo do mar (trata-se da Arqueologia subaquática). Esses profissionais são acionados antes da realização de grandes obras públicas, como construção de metrôs, pontes e viadutos. O terreno desses locais que foram ocupados por antepassados humanos é cercado e escavado com muito cuidado para não danificar o que for encontrado.

Por meio de entrevistas, observação de campo e estudo dos costumes, dos mitos, das línguas e das crenças, os **antropólogos** também investigam as configurações sociais de diferentes grupos. A pesquisa em Antropologia relaciona-se com os estudos históricos e é muito importante para a compreensão das sociedades do passado e do presente.

3 Observe a imagem e descreva como são feitos os estudos de Arqueologia.

_____
_____
_____
_____
_____
_____
_____
_____
_____

Arqueólogos trabalhando na restauração de urna funerária no sítio arqueológico Altos de São José, município de São José dos Campos, estado de São Paulo, 2016.

4 Quais são as semelhanças e as diferenças entre os pesquisadores das áreas de História e de Arqueologia?

_____
_____
_____
_____
_____

5 Relacione as palavras ao seu significado.

1 Hemeroteca.   **3** Fundo documental.

2 Leitura iconográfica.   **4** Fonte manuscrita.

[ ] Análise de imagens como fotografias e obras de arte.

[ ] Local onde são arquivados jornais e revistas.

[ ] Documentos que foram escritos à mão.

[ ] Coleção de documentos que têm a mesma origem.

125

O mundo que queremos

Preservação de fontes oficiais

Nos anos 1960 e 1970, regimes ditatoriais entraram em vigor em diferentes países da América Latina. Nesses regimes autoritários, muitos presidentes eram militares e não havia democracia nem liberdade para que as pessoas pudessem se expressar. A contestação era punida com prisões, torturas e o desaparecimento de pessoas – crimes cometidos a mando ou com apoio dos governantes. Para evitar que os crimes fossem descobertos, muitos registros eram arquivados em sigilo ou destruídos. Vários países da América Latina passaram por esse processo, como Argentina, Chile, Brasil, Paraguai e Uruguai.

Para preservar a história e proteger as pessoas que sofriam perseguições, prisões e tortura, foram realizadas algumas iniciativas. No Brasil, onde a ditadura durou 21 anos, entre 1964 e 1985, houve um projeto chamado *Brasil Nunca Mais*. Ele foi desenvolvido na década de 1980 pelo Conselho Mundial de Igrejas e pela Arquidiocese de São Paulo e coordenado pelo reverendo Jaime Wright e por dom Paulo Evaristo Arns. Um dos principais objetivos era a preservação da memória e dos processos dos prisioneiros políticos que foram julgados e condenados em tribunais civis e militares.

O projeto *Brasil Nunca Mais* reuniu 850 mil páginas de processos judiciais movidos contra presos políticos. Além disso, as práticas de tortura foram relatadas e divulgadas.

O projeto preservou a história por meio da publicação de depoimentos e de cópia de documentos, dando a maior visibilidade possível aos crimes da ditadura, para que esse tipo de regime de força nunca mais volte a atentar contra a democracia.

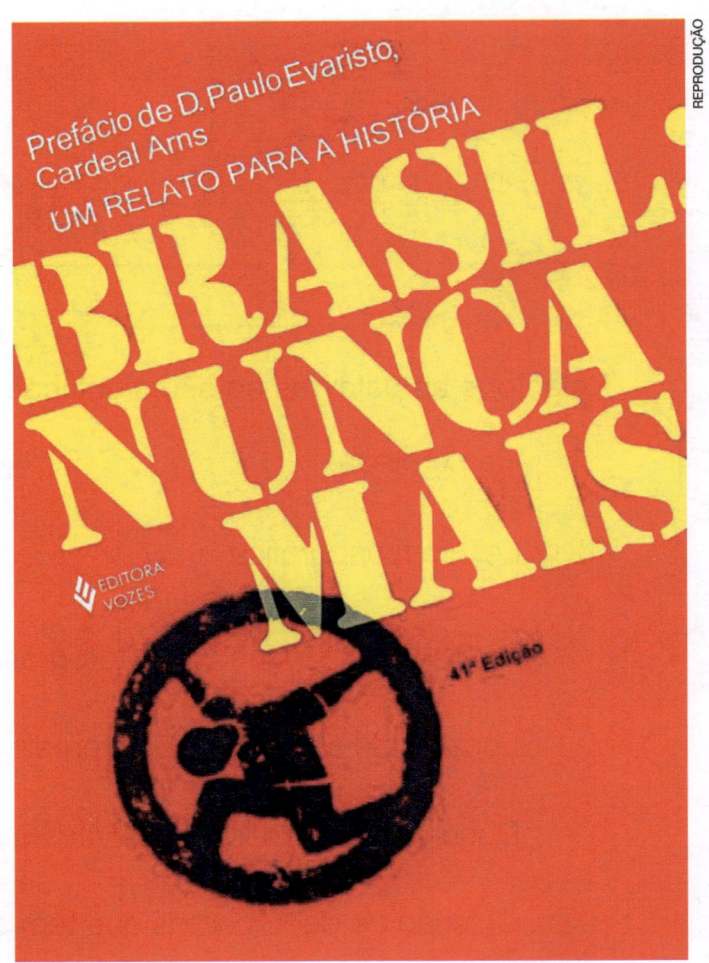

O resultado do projeto *Brasil Nunca Mais* foi a publicação do livro de mesmo título, lançado em 1985.

1 O que foram os regimes ditatoriais das décadas de 1960 e 1970? Segundo o texto, eles ocorreram em quais países da América Latina?

_____
_____
_____
_____
_____
_____

2 O que foi o projeto *Brasil Nunca Mais*?

_____
_____
_____
_____
_____
_____
_____

3 Como projetos como este podem melhorar o mundo em que vivemos?

_____
_____
_____
_____
_____
_____
_____
_____

> Procure compreender e aceitar de forma serena as ideias de outras pessoas, mesmo que a princípio você não concorde com elas. Ouça os argumentos com atenção e respeito e reflita sobre o que ouviu. Sempre é possível **ser flexível** e respeitar outros jeitos de pensar e de avaliar as situações.

CAPÍTULO 3
Marcos de memória

A memória é a capacidade de conservar determinadas informações. Por exemplo, caso perguntem "Onde você passou as últimas férias?", depois de pensar você vai encontrar a informação em sua memória. A memória pode ser individual, de eventos pessoais; mas também pode ser coletiva, ou seja, lembranças que permanecem do que já foi vivido por um grupo de pessoas.

Essa **memória coletiva** pode ser lembrada em reuniões de pequenos grupos e em conversas familiares, mas quando se trata do passado de muitas pessoas, há lugares onde essa memória pode ser preservada. Esses **lugares de memória** são os arquivos públicos, as bibliotecas, os museus, os monumentos aos antepassados, os cemitérios e as obras arquitetônicas. Podem ser também os locais onde se celebram os símbolos de uma comunidade, como os locais dos festejos, o trajeto das procissões, os aniversários de fundação e de eventos e os lugares onde estão figuras simbólicas para a comunidade, como os santuários e os edifícios públicos.

Mas como se estabelece essa memória coletiva que se constitui em **marcos de memória** para pequenos ou grandes grupos?

Esses marcos de memória comemorados, festejados e pesquisados podem ser criados e pesquisados pelos governos, pelos meios sociais e políticos de divulgação de ideias e por comunidades com experiências históricas em comum.

Igreja de Nossa Senhora do Rosário dos Homens Pretos. Município de Ouro Preto, Minas Gerais, 2017. A igreja foi fundada em 1715 por escravizados que faziam parte de uma irmandade.

1 O que é memória coletiva?

_____
_____
_____
_____

2 Marque um **X** nas alternativas que são exemplos de marcos de memória.

☐ Museu Oscar Niemeyer. Município de Curitiba, Paraná, 2017.

☐ Casal em fotopintura típica da região nordeste, s.d.

☐ Festa da procissão do Círio de Nazaré. Município de Belém, Pará, 2017.

☐ Lavagem das escadarias da Igreja do Bonfim. Município de Salvador, Bahia, 2018.

☐ Lembrancinha de nascimento.

☐ Escultura de Chico Mendes na praça Povos da Floresta. Município de Rio Branco, Acre, 2015.

3 Como se estabelecem, ao longo da História, os chamados marcos de memória?

Marcos de memória: história oral

Por meio de pesquisas de variados tipos pode-se estudar como grupos lutaram para fazer valer suas vozes, acionando mecanismos de pressão aos governos, para que fossem incluídos socialmente e lembrados historicamente. Nesses casos, são estudos que valorizam os protestos pela preservação da memória coletiva. Muitas vezes não há registros escritos ou imagens desses eventos, mas essa memória coletiva pode ser acionada por meio de depoimentos de pessoas que participaram e presenciaram essas ações. Essas falas são a base da **História oral**.

A História oral realiza entrevistas com uma rede de pessoas que viveram experiências semelhantes ou vivenciaram determinado acontecimento que está sendo estudado. As entrevistas depois são transcritas (transformadas em texto) e editadas, para que possam ser lidas e analisadas. Muitas vezes, o que é narrado em uma entrevista se repete em outra, com algumas mudanças. Os dados narrados, portanto, estão presentes nas memórias individuais, mas fazem parte também de uma dimensão coletiva.

Indígena idoso conta histórias para crianças guarani da aldeia Pindo-Te. Município de Pariquera-Açu, São Paulo, 2010.

Você sabia?

Para se realizar um trabalho de História oral é necessário realizar entrevistas com uma rede de pessoas que tenham vivido o tema estudado. Para isso, usam-se gravadores e microfones, bem como um roteiro de entrevista, que é seguido pelo entrevistador. O roteiro é focado em aspectos da vida pessoal do entrevistado para resgatar informações de sua memória. Os entrevistadores devem deixar a pessoa falar livremente sobre sua vida e seu passado. É importante que o entrevistado seja questionado se sua identidade pode ser revelada ou se ele prefere o anonimato. Nesse último caso, usa-se um pseudônimo.

Historiografia

Independentemente da maneira de pesquisar a memória por meio da História, é importante saber que os temas e as abordagens escolhidos nas pesquisas revelam muito sobre o presente em que o historiador vive. Como o historiador é uma figura que vive o seu tempo (e não está à frente dele), ele reflete as ansiedades e projeções de seu presente, e isso faz com que suas escolhas de assuntos e perspectivas sejam inspiradas nas questões que o atingem. Assim, com a prática, quando lemos livros de antigos historiadores, é possível perceber alguns motivos que levaram aquele pesquisador a escrever daquela maneira.

Isso mostra que o conhecimento histórico não é único. Ele muda com o tempo e de acordo com as leituras que os historiadores fazem do passado histórico. A essa forma que cada geração de historiadores entendeu a história damos o nome de **historiografia**, que é a análise de como a história foi escrita de certa maneira em determinado tempo.

4 O que é a História oral?

_____
_____
_____
_____
_____

5 O que é historiografia?

_____
_____
_____
_____
_____

6 Reúna-se com dois ou três colegas e escolham uma pessoa que vive próxima a todos para ser entrevistada.

- Elaborem um roteiro com perguntas como nome, idade e profissão; depois, perguntem qual foi o período mais marcante da vida dessa pessoa e deixe que ela fale livremente.

- Apresentem um resumo da entrevista aos colegas de turma.

Como as pessoas faziam para...

Produzir e divulgar conhecimento histórico

A produção de conhecimento histórico acontece nos centros de pesquisa e universidades, que oferecem oportunidades para estudantes e professores desenvolverem projetos de construção de conhecimento. Para que um trabalho acadêmico seja produzido, existem diversos passos a serem seguidos.

Escolha do tema e orientação

Escolher o tema é fundamental. O tema precisa ser inspirador, pois o pesquisador o estuda durante o período de um a quatro anos, dependendo do nível da pesquisa. Esse trabalho demanda uma supervisão: alguém mais experiente, que já fez muitas pesquisas e deve ajudar o novo pesquisador a conduzir o estudo.

Zumbi, de Antonio Parreiras, óleo sobre tela, 115 cm × 87 cm, 1927.

Temas, tempos e espaços

Além de definir o tema, é preciso escolher um período específico e um espaço geográfico a ser estudado. Os períodos e os espaços podem ser mais ou menos amplos, a depender de como o projeto é estruturado.

Professor e aluno, 2016.

Comunidade quilombola. Município de Cavalcante, Goiás, 2015.

Fontes da pesquisa

Não existe trabalho de historiador sem fontes documentais. Os documentos históricos – materiais e imateriais, oficiais ou não – são guias da pesquisa. A análise desse material é que traz inovações interpretativas ao conhecimento histórico.

Leitura e teoria

Muitas vezes, não sabemos como analisar os documentos, pois eles trazem muitas informações. Leituras teóricas, ou seja, reflexões mais amplas – às vezes, de caráter quase filosófico –, ajudam a definir caminhos. Também poderão ser estudadas as formas de pensar e de sentir dos homens e das mulheres em determinado contexto.

Parque Memorial Quilombo dos Palmares. Município de União dos Palmares, Alagoas, 2015.

Problemas e objetivos

A História, em uma concepção mais moderna, não é um apanhado de fatos ordenados cronologicamente. As pesquisas são feitas para revelar uma nova interpretação sobre o passado, descobrir algo novo, que ilumine um campo ainda não estudado, e contestar leituras do senso comum. Assim, é preciso eleger questões que justifiquem a importância daquela pesquisa. Também é preciso saber o que o projeto pretende alcançar com a investigação.

A escrita do projeto

Depois dessas definições, é feito um documento com as intenções da pesquisa: o projeto. Nele, justificam-se a importância do estudo e as questões propostas, indicam-se o tema, os documentos, período e local que serão estudados e apresenta-se o apoio teórico utilizado.

Divulgação e publicação

O ideal é que o conhecimento produzido seja socializado. Por isso, existem os congressos, as revistas acadêmicas e também os livros. Esses são meios pelos quais é possível compartilhar o conhecimento histórico que foi construído durante a pesquisa.

Palestra em Universidade, 2016.

1. Faça uma lista de temas históricos interessantes que você gostaria de estudar mais profundamente.

2. Qual das fases de pesquisa você achou mais interessante? Justifique sua resposta.

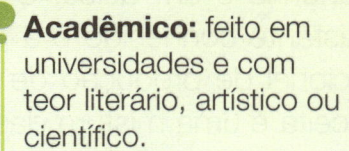

Acadêmico: feito em universidades e com teor literário, artístico ou científico.

Filosófico: estudo e reflexão sobre si mesmo e a realidade à sua volta.

CAPÍTULO 4 — Registros de memória

Multimídia
Literatura de cordel

Os povos antigos deixaram muitos legados. Já tivemos a oportunidade de conhecer alguns: a forma de organizar o tempo, o alfabeto, os números, as obras de arte, as ruínas, os bens arquitetônicos, a culinária e os aspectos da cultura religiosa.

O patrimônio cultural se divide entre material e imaterial. Como já vimos, o primeiro tipo é composto de materiais concretos, enquanto o segundo é formado por práticas, podendo passar por mudanças ao longo do tempo. Esse conhecimento chega até nós trazendo marcas do passado e colaborando para formar a cultura do presente.

As obras arquitetônicas são exemplos de bens que fazem parte do patrimônio material e que são legados culturais. Um exemplo bastante característico são as colunas construídas e utilizadas na Grécia antiga. A forma de construção e as colunas foram inspiração para a arquitetura ao longo da História.

Templo de Afaia em Egina, Grécia, 2017.

Universidade Federal do Paraná (UFPR). Município de Curitiba, Paraná, 2018.

Além dos bens materiais, existem também os imateriais, e a gastronomia é um deles. Um exemplo bastante conhecido é a prática tradicional de produção de acarajé. A receita é uma mistura das tradições africana e brasileira; esse prato é considerado um bem significativo da nossa cultura e foi declarado parte do nosso patrimônio imaterial.

O acarajé é patrimônio imaterial brasileiro de origem africana.

1. Marque **M** para patrimônio material e **I** para imaterial.

   a) ☐ Danças.

   b) ☐ Arquitetura.

   c) ☐ Comidas.

   d) ☐ Obras de arte.

2. Observe a imagem e responda às questões.

   Cinco diferentes tipos de coluna demonstram um pouco da sofisticação da arquitetura grega antiga que continua a ser usada atualmente. Atenas, Grécia 2017.

   a) Por que a forma dos antigos gregos de construir colunas é considerada um legado cultural?

   _____
   _____
   _____

   b) Faça uma pesquisa sobre os tipos de colunas mais comuns na Grécia antiga e descreva cada uma delas.

   _____
   _____
   _____
   _____
   _____
   _____

3. Cite exemplos de patrimônios imateriais da cultura brasileira.

   _____
   _____

Patrimônios materiais

As ruínas da Antiguidade, com construções que sobreviveram ao tempo, são consideradas bens materiais. Algumas dessas construções ficaram preservadas por motivos diversos. No ano 76, o vulcão Vesúvio entrou em erupção e soterrou as cidades de Pompeia, Herculano e Estábia. Do total de 20 mil habitantes de Pompeia, cerca de 2.000 foram mortos. As cidades foram cobertas por cinzas e depósitos vulcânicos que atingiram mais de seis metros de altura. No final do século XVI, as cidades soterradas foram descobertas. Afirma-se que as escavações feitas ali na primeira metade do século XVIII marcam o início da arqueologia moderna.

Ruínas de Pompeia, cidade que estava soterrada após a erupção do Vesúvio. Itália, 2016.

Patrimônios materiais e intercâmbios culturais

Muitas construções da Antiguidade consideradas patrimônios materiais reúnem tradições de diferentes tempos e origens. As pirâmides localizadas nas terras próximas ao rio Nilo e os túmulos de reis e rainhas de Méroe têm estruturas e elementos decorativos que remetem a outras culturas antigas, como as do Reino de Cuxe (próximo ao atual Sudão), da Grécia e de Roma.

Há cerca de 2.300 anos, Méroe era a capital do Reino de Cuxe e tornou-se um grande entreposto de produtos vindos de vários pontos da África, do Mediterrâneo e do Oriente; os legados das artes e da tecnologia meroíta refletem esses intercâmbios culturais e comerciais.

Pirâmides do norte do cemitério de Méroe. Núbia, Sudão, 2014.

4 O que a descoberta das cidades encobertas pelas cinzas do Vesúvio representou para a ciência?

_____
_____
_____

- Faça uma pesquisa sobre a cidade de Pompeia, após a erupção do Vesúvio, e escreva um resumo de suas descobertas.

_____
_____
_____
_____
_____
_____
_____
_____
_____

5 Leia as afirmações e assinale **V** para verdadeiro ou **F** para falso.

a) ☐ As pirâmides de Méroe são patrimônios materiais.

b) ☐ Méroe foi um importante entreposto comercial que reunia rotas comerciais de vários pontos da África e do Mediterrâneo.

c) ☐ A arte e as construções meroítas remetem a tradições de origens diversas, como as do Reino de Cuxe, do Egito e da Grécia.

d) ☐ O conjunto de pirâmides localizado na região que hoje corresponde ao Sudão foi construído pelos egípcios.

e) ☐ Os intercâmbios comerciais entre os povos da Antiguidade tiveram impacto na arquitetura.

f) ☐ A cidade de Pompeia foi coberta por um maremoto e desapareceu no oceano.

O que você aprendeu

- As formas de perceber e medir o tempo mudam de acordo com os contextos históricos. O desenvolvimento tecnológico, por exemplo, interferiu nas formas de perceber a passagem do tempo.

- As formas de organizar e medir o tempo são legados dos povos antigos. O calendário que usamos hoje, por exemplo, que divide o tempo em anos, meses, dias e semanas, tem relação com os calendários desenvolvidos na Antiguidade.

- As fontes documentais são fundamentais para o trabalho do historiador. Podem ser documentos oficiais ou não oficiais.

- Patrimônios são os legados culturais do passado e dividem-se entre materiais e imateriais.

1 Como o desenvolvimento da tecnologia causou impacto na percepção do tempo?

_____
_____
_____
_____
_____
_____
_____

2 Cite três formas de contagem do tempo desenvolvidas na Antiguidade.

_____
_____
_____
_____
_____
_____
_____

3 Observe as imagens a seguir. Quais são os tipos de documentos históricos ou técnicas de pesquisas retratados em cada uma delas? Componha um pequeno texto para cada uma das imagens.

a) Arquivo histórico do Rio Grande do Norte, 2014.

b) Parte de sítio arqueológico subaquático. Albânia, 2017.

c) Museu de Arte de São Paulo, 2017.

d) Biblioteca pública no Pará, 2017.

e) Sítio arqueológico no Rio Grande do Sul, 2016.

4 Registre a seguir uma memória pessoal e uma memória histórica que você conheça.

_____
_____
_____
_____
_____
_____

5 Cite um exemplo de como é possível preservar a memória histórica.

_____
_____
_____
_____
_____
_____

6 Explique o que é História oral.

_____
_____
_____
_____
_____
_____
_____

7 Observe a imagem, leia o texto e responda à questão.

Ofício das paneleiras de Goiabeiras

O saber envolvido na fabricação artesanal de panelas de barro foi o primeiro bem cultural registrado [...] no Livro de Registro dos Saberes, em 2002. O processo de produção no bairro de Goiabeiras Velha, em Vitória, no Espírito Santo, emprega técnicas tradicionais e matérias-primas provenientes do meio natural. A atividade [...] é tradicionalmente repassada pelas artesãs paneleiras às suas filhas, netas, sobrinhas e vizinhas [...]. A técnica cerâmica utilizada é reconhecida por estudos arqueológicos como legado cultural Tupi-guarani e Una [...].

O ofício das paneleiras de Goiabeiras. Instituto do Patrimônio Histórico e Artístico Nacional (Iphan). Disponível em: <http://mod.lk/goiabeir>. Acesso em: 11 jun. 2018.

Técnica de produção de panelas de barro, município de Vitória, Espírito Santo, 2014.

Proveniente: que veio de, teve origem em.

Una: ocupação humana antiga da região central do Brasil.

- O ofício dessas artesãs pode ser considerado um patrimônio imaterial? Por quê?

_____
_____
_____

8 Faça uma pesquisa sobre os legados culturais da Antiguidade e preencha os campos abaixo com itens que representem parte das culturas egípcia, grega e africana.

a) Legado cultural egípcio.

_____

b) Legado cultural grego.

_____

c) Legado cultural africano.

_____

Atividade divertida

Imagine que você é um arqueólogo e encontrou a obra de arte danificada abaixo em um sítio arqueológico. Na página 143, você pode usar lápis de cor, colagem e outros materiais para restaurar a imagem. As partes danificadas da imagem devem ser refeitas de acordo com o que você considera apropriado. Depois, compare sua restauração com as versões de seus colegas.

Afresco bizantino de cerca de 1.300 anos, no templo Spyridon. Atenas, Grécia, 2014.

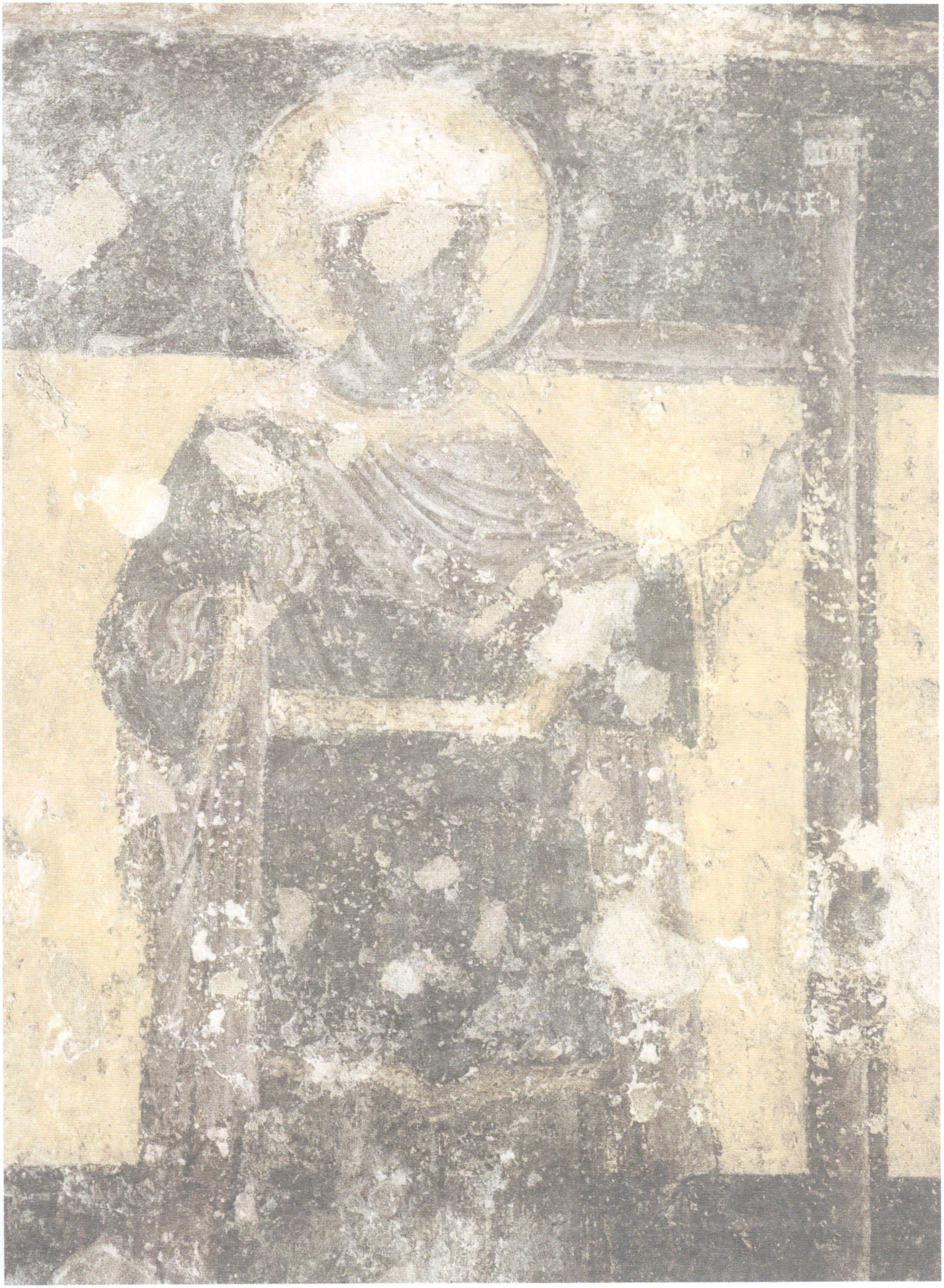
AEL/ALAMY/FOTOARENA

Estas cartas serão utilizadas no jogo *Qual é a cidade?* das páginas 76 e 77.

Palmira
1. Era ponto de parada das rotas comerciais.
2. Muitos vestígios arqueológicos foram destruídos em conflitos.
3. Essa cidade ficava na região que hoje é a Síria.

Çatal Hüyük
1. Um dos primeiros povoamentos humanos.
2. Está localizada na região que hoje corresponde à Turquia.
3. As casas tinham entrada localizada no teto.

Uruk
1. Foi fundada pelos sumérios.
2. Era uma das maiores cidades há cerca de 6 mil anos.
3. Era dividida em bairros religiosos, administrativos, residenciais e comerciais.

Babilônia
1. Possuía grandes construções, como os Jardins Suspensos.
2. Nesse local foi organizado o Código de Hamurábi.
3. Foi o centro de um grande império há 3800 anos.

Persépolis
1. Foi construída há cerca de 2500 anos.
2. Considerada um Patrimônio Mundial da Humanidade.
3. No portal dessa cidade, havia inscrições em três línguas diferentes.

Ur
1. Uma das mais antigas cidades autônomas da Mesopotâmia.
2. Foi fundada pelos sumérios.
3. Nela há um zigurate, um templo em forma de pirâmide, com escadas.

Roma
1. Era o centro de uma sociedade dividida entre patrícios e plebeus.
2. Nessa cidade, gladiadores lutavam no Coliseu.
3. Essa cidade é a atual capital da Itália.

Atenas
1. As decisões eram tomadas pelos cidadãos em assembleias e votações.
2. A cidadania era dada aos homens adultos, filhos de atenienses.
3. Localizada na atual Grécia.

QUAL É A CIDADE?

QUAL É A CIDADE?

QUAL É A CIDADE?

QUAL É A CIDADE?

QUAL É A CIDADE?

QUAL É A CIDADE?

QUAL É A CIDADE?

QUAL É A CIDADE?